TRANZLATY

Tá teanga ann do gach duine

Language is for everyone

Glaoch na Fiáine

The Call of the Wild

Jack London

Gaeilge / English

Isteach sa Primitíf
Into the Primitive

Níor léigh Buck na nuachtáin.
Buck did not read the newspapers.

Dá mbeadh na nuachtáin léite aige, bheadh a fhios aige go raibh trioblóid ag teacht.
Had he read the newspapers he would have known trouble was brewing.

Bhí trioblóid ann ní hamháin dó féin, ach do gach madra taoide.
There was trouble not alone for himself, but for every tidewater dog.

Bheadh gach madra láidir matáin agus gruaig fhada, the i dtrioblóid.
Every dog strong of muscle and with warm, long hair was going to be in trouble.

Ó Bhá Puget go San Diego ní fhéadfadh aon mhadra éalú ón méid a bhí ag teacht.
From Puget Bay to San Diego no dog could escape what was coming.

Bhí miotal buí aimsithe ag fir, ag cuardach i ndorchadas an Artaigh.
Men, groping in the Arctic darkness, had found a yellow metal.

Bhí cuideachtaí gaile agus iompair ag tóraíocht an fhionnachtana.
Steamship and transportation companies were chasing the discovery.

Bhí na mílte fear ag rith isteach sa Tuaisceart.
Thousands of men were rushing into the Northland.

Bhí madraí ag teastáil ó na fir seo, agus ba mhadraí troma na madraí a bhí uathu.
These men wanted dogs, and the dogs they wanted were heavy dogs.

Madraí a bhfuil matáin láidre acu le bheith ag obair go dian.
Dogs with strong muscles by which to toil.

Madraí le cótaí clúmhacha chun iad a chosaint ón sioc.
Dogs with furry coats to protect them from the frost.

Bhí cónaí ar Buck i dteach mór i ngleann Santa Clara, gleann gréine.
Buck lived at a big house in the sun-kissed Santa Clara Valley.
Áit an Bhreithimh Miller, tugadh a theach air.
Judge Miller's place, his house was called.
Bhí a theach suite siar ón mbóthar, leath i bhfolach i measc na gcrann.
His house stood back from the road, half hidden among the trees.
D'fhéadfá spléachadh a fháil ar an veranda fairsing a bhí ag rith timpeall an tí.
One could get glimpses of the wide veranda running around the house.
Bhí cabhsaí gairbhéil ag teacht ar an teach.
The house was approached by graveled driveways.
Bhí na cosáin ag lúbadh trí fhaiche leathana.
The paths wound about through wide-spreading lawns.
Os a chionn bhí craobhacha fite fuaite na bpoibleog arda.
Overhead were the interlacing boughs of tall poplars.
Ag cúl an tí bhí rudaí níos fairsinge fós.
At the rear of the house things were on even more spacious.
Bhí stáblaí móra ann, áit a raibh dosaen fear céile ag comhrá
There were great stables, where a dozen grooms were chatting
Bhí sraitheanna de theachíní seirbhíseach clúdaithe le fíniúna ann
There were rows of vine-clad servants' cottages
Agus bhí sraith gan teorainn agus ordúil de thithe lasmuigh ann
And there was an endless and orderly array of outhouses
Craobhacha fada fíonchaora, féarach glasa, úlloird, agus paistí caora.
Long grape arbors, green pastures, orchards, and berry patches.
Ansin bhí an gléasra caidéil don tobair artesian ann.

Then there was the pumping plant for the artesian well.

Agus bhí an umar mór stroighne lán d'uisce ann.

And there was the big cement tank filled with water.

Seo an áit a ndeachaigh buachaillí an Bhreithimh Miller i mbun oibre ar maidin.

Here Judge Miller's boys took their morning plunge.

Agus d'fhuaraigh siad síos ansin tráthnóna te freisin.

And they cooled down there in the hot afternoon too.

Agus thar an bhfearann mór seo, ba é Buck a bhí i gceannas air go léir.

And over this great domain, Buck was the one who ruled all of it.

Rugadh Buck ar an talamh seo agus chónaigh sé anseo ar feadh a cheithre bliana.

Buck was born on this land and lived here all his four years.

Bhí madraí eile ann go deimhin, ach ní raibh tábhacht leo i ndáiríre.

There were indeed other dogs, but they did not truly matter.

Bhíothas ag súil le madraí eile in áit chomh fairsing leis an gceann seo.

Other dogs were expected in a place as vast as this one.

Tháinig agus d'imigh na madraí seo, nó bhí cónaí orthu taobh istigh de na cróite gnóthacha.

These dogs came and went, or lived inside the busy kennels.

Bhí roinnt madraí ina gcónaí i bhfolach sa teach, cosúil le Toots agus Ysabel.

Some dogs lived hidden in the house, like Toots and Ysabel did.

Pug Seapánach ab ea Toots, agus madra gan ghruaig Meicsiceach ab ea Ysabel.

Toots was a Japanese pug, Ysabel a Mexican hairless dog.

Is annamh a shiúil na créatúir aisteacha seo amach as an teach.

These strange creatures rarely stepped outside the house.

Níor bhain siad leis an talamh, ná níor bholadh siad an t-aer oscailte lasmuigh.

They did not touch the ground, nor sniff the open air outside.

Bhí na sionnach-terrier ann freisin, fiche ar a laghad.

There were also the fox terriers, at least twenty in number.

Bhíodh na teorróirí seo ag tafann go fíochmhar ar Toots agus Ysabel istigh.

These terriers barked fiercely at Toots and Ysabel indoors.

D'fhan Toots agus Ysabel taobh thiar de na fuinneoga, sábháilte ó dhochar.

Toots and Ysabel stayed behind windows, safe from harm.

Bhí cailíní tí le scuaba agus mapaí ag gardáil iad.

They were guarded by housemaids with brooms and mops.

Ach ní madra tí a bhí i mBuck, agus ní madra crólu a bhí ann ach an oiread.

But Buck was no house-dog, and he was no kennel-dog either.

Ba le Buck an mhaoin ar fad mar a ríocht dhlíthiúil.

The entire property belonged to Buck as his rightful realm.

Shnámh Buck sa umar nó chuaigh sé ag fiach le mic an Bhreithimh.

Buck swam in the tank or went hunting with the Judge's sons.

Shiúil sé le Mollie agus Alice go moch nó go déanach sa tráthnóna.

He walked with Mollie and Alice in the early or late hours.

Ar oícheanta fuara luigh sé os comhair tine na leabharlainne leis an mBreitheamh.

On cold nights he lay before the library fire with the Judge.

Thug Buck marcaíocht do gharmhic an Bhreithimh ar a dhroim láidir.

Buck gave rides to the Judge's grandsons on his strong back.

Rolladh sé sa bhféar leis na buachaillí, ag garda go dlúth orthu.

He rolled in the grass with the boys, guarding them closely.

Chuaigh siad go dtí an tobair agus fiú thar na páirceanna caora.

They ventured to the fountain and even past the berry fields.

I measc na dteoraithe sionnach, shiúil Buck le bród ríoga i gcónaí.

Among the fox terriers, Buck walked with royal pride always.

Níor thug sé aird ar Toots agus Ysabel, ag déanamh amhlaidh amhail is dá mba aer iad.

He ignored Toots and Ysabel, treating them like they were air.

Bhí Buck i réim ar gach créatúr beo ar thalamh an Bhreithimh Miller.

Buck ruled over all living creatures on Judge Miller's land.

Bhí sé i réim ar ainmhithe, feithidí, éin, agus fiú daoine.

He ruled over animals, insects, birds, and even humans.

Bhí athair Buck, Elmo, ina Naomh Bernard ollmhór agus dílis.

Buck's father Elmo had been a huge and loyal St. Bernard.

Níor fhág Elmo taobh an Bhreithimh riamh, agus d'fhóin sé dó go dílis.

Elmo never left the Judge's side, and served him faithfully.

Bhí an chuma ar Buck go raibh sé réidh le sampla uasal a athar a leanúint.

Buck seemed ready to follow his father's noble example.

Ní raibh Buck chomh mór céanna, céad daichead punt a mheáchan.

Buck was not quite as large, weighing one hundred and forty pounds.

Bhí a mháthair, Shep, ina madra aoire Albanach den scoth.

His mother, Shep, had been a fine Scotch shepherd dog.

Ach fiú ag an meáchan sin, shiúil Buck le láithreacht ríoga.

But even at that weight, Buck walked with regal presence.

Tháinig sé seo ón mbia maith agus an meas a fuair sé i gcónaí.

This came from good food and the respect he always received.

Ar feadh ceithre bliana, bhí Buck ina chónaí mar uasal millte.

For four years, Buck had lived like a spoiled nobleman.

Bhí sé bródúil as féin, agus fiú beagáinín egotistic.

He was proud of himself, and even slightly egotistical.

Bhí an cineál sin bróid coitianta i measc tiarnaí tuaithe iargúlta.

That kind of pride was common in remote country lords.

Ach shábháil Buck é féin ó bheith ina mhadra tí pampáilte.

But Buck saved himself from becoming pampered house-dog.

D'fhan sé caol agus láidir trí sheilg agus aclaíocht.

He stayed lean and strong through hunting and exercise.

Bhí grá mór aige don uisce, cosúil le daoine a bhíonn ag snámh i lochanna fuara.

He loved water deeply, like people who bathe in cold lakes.

Choinnigh an grá seo don uisce Buck láidir, agus an-shláintiúil.

This love for water kept Buck strong, and very healthy.

Seo an madra a bhí i Buck i bhfómhar na bliana 1897.

This was the dog Buck had become in the fall of 1897.

Nuair a tharraing stailc Klondike fir go dtí an Tuaisceart reoite.

When the Klondike strike pulled men to the frozen North.

Rith daoine ó gach cearn den domhan isteach sa tír fhuar.

People rushed from all over the world into the cold land.

Ní raibh Buck, áfach, ag léamh na nuachtán, ná ag tuiscint nuachta.

Buck, however, did not read the papers, nor understand news.

Ní raibh a fhios aige gur drochdhuine a bhí i Manuel le bheith i dteannta.

He did not know Manuel was a bad man to be around.

Bhí fadhb mhór ag Manuel, a chabhraigh sa ghairdín.

Manuel, who helped in the garden, had a deep problem.

Bhí andúil ag Manuel sa chearrbhachas sa chrannchur Síneach.

Manuel was addicted to gambling in the Chinese lottery.

Chreid sé go láidir freisin i gcóras seasta chun buachan.

He also believed strongly in a fixed system for winning.

Rinne an creideamh sin a theip cinnte agus dosheachanta.

That belief made his failure certain and unavoidable.

Éilíonn sé airgead chun córas a imirt, rud nach raibh ag Manuel.

Playing a system demands money, which Manuel lacked.

Is ar éigean a chothaigh a phá a bhean chéile agus a go leor páistí.

His pay barely supported his wife and many children.

An oíche a bhrath Manuel Buck, bhí rudaí gnáth.

On the night Manuel betrayed Buck, things were normal.

Bhí an Breitheamh ag cruinniú de chuid Chumann na bhFásóirí Rísíní.

The Judge was at a Raisin Growers' Association meeting.

Bhí mic an Bhreithimh gnóthach ag bunú club lúthchleasaíochta an uair sin.

The Judge's sons were busy forming an athletic club then.

Ní fhaca aon duine Manuel agus Buck ag imeacht tríd an úllord.

No one saw Manuel and Buck leaving through the orchard.

Cheap Buck nach raibh ann ach siúlóid shimplí oíche.

Buck thought this walk was just a simple nighttime stroll.

Níor casadh ach fear amháin orthu ag stáisiún na mbratach, i bPáirc an Choláiste.

They met only one man at the flag station, in College Park.

Labhair an fear sin le Manuel, agus mhalartaigh siad airgead.

That man spoke to Manuel, and they exchanged money.

"Fill na hearraí sula seachadann tú iad," a mhol sé.

"Wrap up the goods before you deliver them," he suggested.

Bhí guth an fhir garbh agus mífhoighneach agus é ag labhairt.

The man's voice was rough and impatient as he spoke.

Cheangail Manuel rópa tiubh go cúramach timpeall mhuineál Buck.

Manuel carefully tied a thick rope around Buck's neck.

"Cas an rópa, agus tachtóidh tú go leor é"

"Twist the rope, and you'll choke him plenty"

Lig an strainséir osna as, ag léiriú go raibh tuiscint mhaith aige.

The stranger gave a grunt, showing he understood well.

Ghlac Buck leis an rópa le dínit chiúin agus socair an lá sin.

Buck accepted the rope with calm and quiet dignity that day.

Gníomh neamhghnách a bhí ann, ach bhí muinín ag Buck as na fir a raibh aithne aige orthu.

It was an unusual act, but Buck trusted the men he knew.

Chreid sé go raibh a gcuid eagna i bhfad níos faide ná a chuid smaointeoireachta féin.

He believed their wisdom went far beyond his own thinking.

Ach ansin tugadh an rópa do lámha an strainséara.

But then the rope was handed to the hands of the stranger.

Lig Buck grág íseal amach a thug rabhadh le bagairt chiúin.

Buck gave a low growl that warned with quiet menace.

Bhí sé bródúil agus ceannasach, agus bhí sé i gceist aige a mhíshástacht a léiriú.

He was proud and commanding, and meant to show his displeasure.

Chreid Buck go dtuigfí a rabhadh mar ordú.

Buck believed his warning would be understood as an order.

Chuir sé iontas air nuair a theann an rópa go docht timpeall a mhuiníl thiubh.

To his shock, the rope tightened fast around his thick neck.

Gearradh a aer de agus thosaigh sé ag troid le buile tobann.

His air was cut off and he began to fight in a sudden rage.

Léim sé ar an bhfear, a bhuail le Buck go tapaidh san aer.

He sprang at the man, who quickly met Buck in mid-air.

Rug an fear ar scornach Buck agus chas sé go sciliúil san aer é.

The man grabbed Buck's throat and skillfully twisted him in the air.

Caitheadh Buck síos go crua, ag titim cothrom ar a dhroim.

Buck was thrown down hard, landing flat on his back.

Phlúch an rópa é go cruálach anois agus é ag ciceáil go fiáin.

The rope now choked him cruelly while he kicked wildly.

Thit a theanga amach, tharraing a chliabhrach aird, ach níor fuair sé anáil ar bith.

His tongue fell out, his chest heaved, but gained no breath.

Níor caitheadh le foréigean den sórt sin leis riamh ina shaol.

He had never been treated with such violence in his life.

Ní raibh sé riamh cheana lán le fearg chomh domhain sin.

He had also never been filled with such deep fury before.

Ach imigh cumhacht Buck i léig, agus d'éirigh a shúile gloineach.

But Buck's power faded, and his eyes turned glassy.

Thit sé i laige díreach agus a bhí traein ag stopadh in aice láimhe.

He passed out just as a train was flagged down nearby.

Ansin chaith an bheirt fhear isteach sa charr bagáiste é go tapaidh.

Then the two men tossed him into the baggage car quickly.

An chéad rud eile a mhothaigh Buck ná pian ina theanga ata.

The next thing Buck felt was pain in his swollen tongue.

Bhí sé ag bogadh i gcairt a bhí ag crith, agus é beagáinín feasach air.

He was moving in a shaking cart, only dimly conscious.

D'inis scread géar feadóg traenach cá raibh Buck.

The sharp scream of a train whistle told Buck his location.

Bhíodh sé ag marcaíocht leis an mBreitheamh go minic agus bhí a fhios aige an mothúchán.

He had often ridden with the Judge and knew the feeling.

Ba é an turraing uathúil a bhí ann taisteal i gcarr bagáiste arís.

It was the unique jolt of traveling in a baggage car again.

D'oscail Buck a shúile, agus las a shúile le fearg.

Buck opened his eyes, and his gaze burned with rage.

Ba é seo fearg rí bródúil a tógadh óna ríchathaoir.

This was the anger of a proud king taken from his throne.

Shroich fear amach chun greim a fháil air, ach bhuail Buck ar dtús ina ionad.

A man reached to grab him, but Buck struck first instead.

Chuir sé a chuid fiacla i lámh an fhir agus choinnigh sé go docht í.

He sank his teeth into the man's hand and held tightly.

Níor scaoil sé leis go dtí gur chaill sé a mheabhair an dara huair.

He did not let go until he blacked out a second time.

"Sea, bíonn taomanna air," a d'fhreagair an fear go ciúin leis an bhfear bagáiste.

"Yep, has fits," the man muttered to the baggageman.

Bhí an fear bagáiste tar éis an streachailt a chloisteáil agus tháinig sé i ngar dó.

The baggageman had heard the struggle and come near.

"Tá mé á thabhairt go 'Frisco don bhoss," a mhínigh an fear.

"I'm taking him to 'Frisco for the boss," the man explained.

"Tá dochtúir madraí den scoth ann a deir gur féidir leis iad a leigheas."

"There's a fine dog-doctor there who says he can cure them."

Níos déanaí an oíche sin thug an fear a chuntas iomlán féin.

Later that night the man gave his own full account.

Labhair sé ó sheid taobh thiar de thaighbhlann ar na duganna.

He spoke from a shed behind a saloon on the docks.

"Níor tugadh dom ach caoga dollar," a ghearáin sé leis an bhfear sa teach tábhairne.

"All I was given was fifty dollars," he complained to the saloon man.

"Ní dhéanfainn arís é, fiú ar son míle in airgead tirim."

"I wouldn't do it again, not even for a thousand in cold cash."

Bhí a lámh dheas fillte go docht in éadach fuilteach.

His right hand was tightly wrapped in a bloody cloth.

Bhí cos a bhríste stróicthe go forleathan ó ghlúin go cos.

His trouser leg was torn wide open from knee to foot.

"Cé mhéad a fuair an mug eile?" a d'fhiafraigh fear an tseomra.

"How much did the other mug get paid?" asked the saloon man.

"Céad," fhreagair an fear, "ní ghlacfadh sé pingin níos lú."

"A hundred," the man replied, "he wouldn't take a cent less."

"Sin céad caoga," a dúirt fear an tseomra.

"That comes to a hundred and fifty," the saloon man said.

"Agus is fiú é ar fad, nó nílim níos fearr ná amadán."

"And he's worth it all, or I'm no better than a blockhead."

D'oscail an fear na fillteáin chun a lámh a scrúdú.

The man opened the wrappings to examine his hand.

Bhí an lámh stróicthe go dona agus screamhaithe le fuil thriomaithe.

The hand was badly torn and crusted in dried blood.

"Mura bhfaighidh mé an hidreafóibe…" thosaigh sé ag rá.

"If I don't get the hydrophobia…" he began to say.

"Is amhlaidh gur rugadh thú le crochadh," a tháinig gáire.

"It'll be because you were born to hang," came a laugh.

"Tar agus cabhraigh liom sula n-imíonn tú," a iarradh air.

"Come help me out before you get going," he was asked.

Bhí Buck trína chéile mar gheall ar an bpian ina theanga agus ina scornach.

Buck was in a daze from the pain in his tongue and throat.

Bhí sé leath-tachtaithe, agus is ar éigean a bhí sé in ann seasamh ina sheasamh.

He was half-strangled, and could barely stand upright.

Mar sin féin, rinne Buck iarracht aghaidh a thabhairt ar na fir a ghortaigh é chomh mór sin.

Still, Buck tried to face the men who had hurt him so.

Ach chaith siad síos é agus thacht siad arís é.

But they threw him down and choked him once again.

Ansin amháin a d'fhéadfaidís a choiléar trom práis a bhaint de.

Only then could they saw off his heavy brass collar.

Bhain siad an rópa agus bhrúigh siad isteach i gcliabh é.

They removed the rope and shoved him into a crate.

Bhí an cliathbhosca beag agus cruth cliabhán iarainn garbh air.

The crate was small and shaped like a rough iron cage.

Luigh Buck ansin ar feadh na hoíche, lán le feirge agus le bród créachtaithe.

Buck lay there all night, filled with wrath and wounded pride.

Ní raibh sé in ann tosú ag tuiscint cad a bhí ag tarlú dó.

He could not begin to understand what was happening to him.

Cén fáth a raibh na fir aisteacha seo á choinneáil sa chliabhán beag seo?

Why were these strange men keeping him in this small crate?

Cad a bhí uathu leis, agus cén fáth an mbraighdeanas cruálach seo?

What did they want with him, and why this cruel captivity?

Mhothaigh sé brú dorcha; mothú tubaiste ag druidim níos gaire.

He felt a dark pressure; a sense of disaster drawing closer.

Eagla doiléir a bhí ann, ach chuir sé isteach go mór ar a spiorad.

It was a vague fear, but it settled heavily on his spirit.

Léim sé suas arís agus arís eile nuair a chroith doras an tseide.

Several times he jumped up when the shed door rattled.

Bhí sé ag súil go dtiocfadh an Breitheamh nó na buachaillí chun é a tharrtháil.

He expected the Judge or the boys to appear and rescue him.

Ach ní raibh ach aghaidh ramhar fhear an tseomra le feiceáil istigh gach uair.

But only the saloon-keeper's fat face peeked inside each time.

Bhí aghaidh an fhir lastha ag gliondar lag coinnle geir.

The man's face was lit by the dim glow of a tallow candle.

Gach uair, d'athraigh tafann lúcháireach Buck go grágán íseal, feargach.

Each time, Buck's joyful bark changed to a low, angry growl.

D'fhág fear an tseomra leis féin é don oíche sa chliabhán

The saloon-keeper left him alone for the night in the crate

Ach nuair a dhúisigh sé ar maidin bhí níos mó fear ag teacht.

But when he awoke in the morning more men were coming.

Tháinig ceathrar fear agus thog siad an cliathbhosca go cúramach gan focal a rá.

Four men came and gingerly picked up the crate without a word.

Thuig Buck láithreach an staid ina raibh sé.

Buck knew at once the situation he found himself in.

Ba chéasadóirí breise iad a raibh air troid agus eagla a chur orthu.

They were further tormentors that he had to fight and fear.

Bhí cuma olc, gioblach agus an-droch-ghrúmaeartha ar na fir seo.

These men looked wicked, ragged, and very badly groomed.

Lig Buck drannadh agus léim sé orthu go fíochmhar trí na barraí.

Buck snarled and lunged at them fiercely through the bars.

Ní dhearna siad ach gáire agus sháigh siad air le bataí fada adhmaid.

They just laughed and jabbed at him with long wooden sticks.

Ghreim Buck ar na bataí, ansin thuig sé gurbh é sin an rud a thaitin leo.

Buck bit at the sticks, then realized that was what they liked.

Mar sin luigh sé síos go ciúin, gruama agus trína chéile le fearg chiúin.

So he lay down quietly, sullen and burning with quiet rage.

Thóg siad an cliathbhosca isteach i vaigín agus thiomáin siad ar shiúl leis.

They lifted the crate into a wagon and drove away with him.

Bhíodh an cliabh, agus Buck faoi ghlas istigh ann, ag athrú lámha go minic.

The crate, with Buck locked inside, changed hands often.

Ghlac cléirigh oifige an Express an cúram agus láimhseáil siad é go hachomair.

Express office clerks took charge and handled him briefly.

Ansin d'iompair vaigín eile Buck trasna an bhaile glóraigh.

Then another wagon carried Buck across the noisy town.

Thug trucail é le boscaí agus beartáin ar bhád farantóireachta.

A truck took him with boxes and parcels onto a ferry boat.

Tar éis dó dul trasna, dhíluchtaigh an trucail é ag stáisiún iarnróid.

After crossing, the truck unloaded him at a rail depot.

Faoi dheireadh, cuireadh Buck i gcarr mear a bhí ag fanacht.

At last, Buck was placed inside a waiting express car.

Ar feadh dhá lá agus oíche, tharraing traenacha an carr sainráite ar shiúl.

For two days and nights, trains pulled the express car away.

Níor ith ná níor ól Buck i rith an turais phianmhar ar fad.

Buck neither ate nor drank during the whole painful journey.

Nuair a rinne na teachtairí sainráite iarracht druidim leis, dranntán sé.

When the express messengers tried to approach him, he growled.

D'fhreagair siad trí magadh faoi agus magadh faoi go cruálach.

They responded by mocking him and teasing him cruelly.

Chaith Buck é féin ag na barraí, ag cúrú agus ag crith

Buck threw himself at the bars, foaming and shaking

Rinne siad gáire os ard, agus rinne siad magadh faoi cosúil le bulaithe scoile.

they laughed loudly, and taunted him like schoolyard bullies.

Bhíodh siad ag tafann cosúil le madraí bréige agus ag bualadh a lámha.

They barked like fake dogs and flapped their arms.

Ghlaodh siad fiú cosúil le coiligh díreach chun é a chur níos trína chéile.

They even crowed like roosters just to upset him more.

Iompar amaideach a bhí ann, agus bhí a fhios ag Buck go raibh sé greannmhar.

It was foolish behavior, and Buck knew it was ridiculous.

Ach ní dhearna sin ach a mhothú fearg agus náire a dhoimhniú.

But that only deepened his sense of outrage and shame.

Níor chuir an t-ocras isteach mór air le linn an turais.

He was not bothered much by hunger during the trip.

Ach thug tart pian géar agus fulaingt dochreidte.

But thirst brought sharp pain and unbearable suffering.

Bhí a scornach agus a theanga tirim, ata ag dó le teas.

His dry, inflamed throat and tongue burned with heat.

Chothaigh an pian seo an fiabhras ag ardú ina chorp bródúil.

This pain fed the fever rising within his proud body.

Bhí Buck buíoch as rud amháin le linn na trialach seo.

Buck was thankful for one single thing during this trial.

Bhí an rópa bainte de timpeall a mhuineál tiubh.

The rope had been removed from around his thick neck.

Bhí buntáiste éagórach agus cruálach tugtha ag an rópa do na fir sin.

The rope had given those men an unfair and cruel advantage.

Anois bhí an rópa imithe, agus mhionnaigh Buck nach bhfillfeadh sé choíche.

Now the rope was gone, and Buck swore it would never return.

Shocraigh sé nach gcuirfí rópa timpeall a mhuiníl arís choíche.

He resolved no rope would ever go around his neck again.

Ar feadh dhá lá agus oíche fhada, d'fhulaing sé gan bhia.

For two long days and nights, he suffered without food.

Agus sna huaireanta sin, thóg sé fearg ollmhór ina chroí.

And in those hours, he built up an enormous rage inside.

Chas a shúile fuilteach agus fiáin le fearg leanúnach.

His eyes turned bloodshot and wild from constant anger.

Ní raibh sé ina Buck a thuilleadh, ach ina dheamhan le gialla ag snapáil.

He was no longer Buck, but a demon with snapping jaws.

Ní bheadh aithne ag an mBreitheamh fiú ar an chréatúr mire seo.

Even the Judge would not have known this mad creature.

Lig na teachtairí sainráite osna faoisimh nuair a shroich siad Seattle.

The express messengers sighed in relief when they reached Seattle

Thóg ceathrar fear an cliabh agus thug siad go dtí clós cúil é.

Four men lifted the crate and brought it to a back yard.

Bhí an clós beag, timpeallaithe ag ballaí arda agus soladacha.

The yard was small, surrounded by high and solid walls.

Tháinig fear mór amach i léine geansaí dearg a bhí crochta.

A big man stepped out in a sagging red sweater shirt.

Shínigh sé an leabhar seachadta le lámh thiubh agus dhána.

He signed the delivery book with a thick and bold hand.

Bhraith Buck láithreach gurbh é an fear seo a chéad chéasadóir eile.

Buck sensed at once that this man was his next tormentor.

Léim sé go foréigneach ar na barraí, a shúile dearga le fearg.

He lunged violently at the bars, eyes red with fury.

Ní dhearna an fear ach aoibh gháire dhorcha agus chuaigh sé ag iarraidh tua a fháil.

The man just smiled darkly and went to fetch a hatchet.

Thug sé club leis ina lámh dheas thiubh láidir freisin.

He also brought a club in his thick and strong right hand.

"An bhfuil tú chun é a thabhairt amach anois?" a d'fhiafraigh an tiománaí, imníoch.

"You going to take him out now?" the driver asked, concerned.

"Cinnte," a dúirt an fear, agus é ag shá an tua isteach sa chliabh mar luamhán.

"Sure," said the man, jamming the hatchet into the crate as a lever.

Scaip na ceathrar fear láithreach, ag léim suas ar bhalla na clóis.

The four men scattered instantly, jumping up onto the yard wall.

Óna n-áiteanna sábháilte thuas, d'fhan siad le féachaint ar an radharc.

From their safe spots above, they waited to watch the spectacle.

Phléasc Buck ar an adhmad scoilte, ag greimniú agus ag crith go fíochmhar.

Buck lunged at the splintered wood, biting and shaking fiercely.

Gach uair a bhuail an tua an cage, bhí Buck ann chun ionsaí a dhéanamh air.

Each time the hatchet hit the cage), Buck was there to attack it.

Lig sé dranntán agus phléasc sé le buile fhiáin, fonnmhar a bheith scaoilte saor.

He growled and snapped with wild rage, eager to be set free.

Bhí an fear amuigh socair agus socair, dírithe ar a thasc.

The man outside was calm and steady, intent on his task.

"Ceart go leor, a dhiabhal súile dearga," a dúirt sé nuair a bhí an poll mór.

"Right then, you red-eyed devil," he said when the hole was large.

Lig sé an tua anuas agus ghlac sé an club ina lámh dheas.

He dropped the hatchet and took the club in his right hand.

Bhí cuma diabhal ar Buck i ndáiríre; súile fuilteacha agus lasracha.

Buck truly looked like a devil; eyes bloodshot and blazing.

Bhí a chóta ag guaireach, cúr ag teacht óna bhéal, a shúile ag lonrú.

His coat bristled, foam frothed at his mouth, eyes glinting.

Dhlúth sé a matáin agus léim sé díreach ar an ngeansaí dearg.

He bunched his muscles and sprang straight at the red sweater.

D'eitil céad is daichead punt de fheirg ar an bhfear ciúin.

One hundred and forty pounds of fury flew at the calm man.

Díreach sular dhún a ghialla, bhuail buille uafásach é.

Just before his jaws clamped shut, a terrible blow struck him.

Bhris a chuid fiacla le chéile ar rud ar bith ach aer

His teeth snapped together on nothing but air

rith buille pian trína chorp

a jolt of pain reverberated through his body

Chas sé san aer agus thit sé ar a dhroim agus a thaobh.

He flipped midair and crashed down on his back and side.

Ní raibh sé riamh cheana tar éis buille cluba a bhraith agus ní raibh sé in ann é a thuiscint.

He had never before felt a club's blow and could not grasp it.

Le drannadh screadaíleach, cuid tafann, cuid scread, léim sé arís.

With a shrieking snarl, part bark, part scream, he leaped again.

Bhuail buille brúidiúil eile é agus chaith sé ar an talamh é.

Another brutal strike hit him and hurled him to the ground.

An uair seo thuig Buck—ba é club trom an fhir a bhí ann.

This time Buck understood—it was the man's heavy club.

Ach chuir an fhearg dall air, agus ní raibh aon smaoineamh aige ar cúlú.

But rage blinded him, and he had no thought of retreat.

Dhá uair déag sheol sé é féin, agus dhá uair déag thit sé.

Twelve times he launched himself, and twelve times he fell.

Bhris an club adhmaid é gach uair le fórsa cruálach, brúite.

The wooden club smashed him each time with ruthless, crushing force.

Tar éis buille fíochmhar amháin, sheas sé ar a chosa go mall, mearbhall agus mearbhall air.

After one fierce blow, he staggered to his feet, dazed and slow.

Shreabh fuil óna bhéal, óna shrón, agus fiú óna chluasa.

Blood ran from his mouth, his nose, and even his ears.

Bhí cúr fuilteach clúdaithe lena chóta a bhíodh álainn tráth.

His once-beautiful coat was smeared with bloody foam.

Ansin sheas an fear suas agus bhuail sé buille olc ar an srón.

Then the man stepped up and struck a wicked blow to the nose.

Bhí an phian níos géire ná aon rud a mhothaigh Buck riamh.

The agony was sharper than anything Buck had ever felt.

Le béic níos beithíoch ná madra, léim sé arís chun ionsaí a dhéanamh.

With a roar more beast than dog, he leaped again to attack.

Ach rug an fear ar a ghiall íochtarach agus chas sé siar é.

But the man caught his lower jaw and twisted it backward.

Chas Buck a cheann thar a shála, ag titim go crua arís.

Buck flipped head over heels, crashing down hard again.

Uair amháin eile, rinne Buck ionsaí air, agus é ar éigean in ann seasamh anois.

One final time, Buck charged at him, now barely able to stand.

Bhuail an fear le tráthúlacht shaineolach, ag tabhairt an bhuille deiridh.

The man struck with expert timing, delivering the final blow.

Thit Buck i gcarn, gan aithne agus gan corraí.

Buck collapsed in a heap, unconscious and unmoving.

"Ní leisce air madraí a bhriseadh, sin a deirim," a scread fear.

"He's no slouch at dog-breaking, that's what I say," a man yelled.

"Is féidir le Druther toil chon a bhriseadh aon lá den tseachtain."

"Druther can break the will of a hound any day of the week."

"Agus faoi dhó ar an Domhnach!" a dúirt an tiománaí.

"And twice on a Sunday!" added the driver.

Dhreap sé isteach sa vaigín agus phléasc sé na sreanga le himeacht.

He climbed into the wagon and cracked the reins to leave.

D'éirigh le Buck smacht a fháil ar a choinsias de réir a chéile.

Buck slowly regained control of his consciousness

ach bhí a chorp fós ró-lag agus briste le bogadh.

but his body was still too weak and broken to move.

Luigh sé san áit ar thit sé, ag breathnú ar an bhfear a raibh an geansaí dearg air.

He lay where he had fallen, watching the red-sweatered man.

"Freagraíonn sé d'ainm Buck," a dúirt an fear, ag léamh os ard.

"He answers to the name of Buck," the man said, reading aloud.

Luaigh sé ón nóta a seoladh le cliabh Buck agus na sonraí.

He quoted from the note sent with Buck's crate and details.

"Bhuel, a Bhuic, a bhuachaill," ar lean an fear le ton cairdiúil,

"Well, Buck, my boy," the man continued with a friendly tone,

"Bhí ár n-argóint bheag againn, agus anois tá deireadh leis eadrainn."

"we've had our little fight, and now it's over between us."

"D'fhoghlaim tú do áit, agus d'fhoghlaim mise mo cheann féin," a dúirt sé.

"You've learned your place, and I've learned mine," he added.

"Bí go maith, agus rachaidh gach rud go maith, agus beidh an saol taitneamhach."

"Be good, and all will go well, and life will be pleasant."

"Ach bí olc, agus buailfidh mé an stuffing asat, an dtuigeann tú?"

"But be bad, and I'll beat the stuffing out of you, understand?"

Agus é ag labhairt, shín sé amach a lámh agus bhuail sé ceann tinn Buck.

As he spoke, he reached out and patted Buck's sore head.

D'éirigh gruaig Buck nuair a theagmháil an fhir leis, ach níor chuir sé ina choinne.

Buck's hair rose at the man's touch, but he didn't resist.

Thug an fear uisce dó, agus d'ól Buck é i slogáin mhóra.

The man brought him water, which Buck drank in great gulps.

Ansin tháinig feoil amh, a shlog Buck píosa ar phíosa.

Then came raw meat, which Buck devoured chunk by chunk.

Bhí a fhios aige go raibh sé buailte, ach bhí a fhios aige freisin nach raibh sé briste.

He knew he was beaten, but he also knew he wasn't broken.

Ní raibh seans ar bith aige i gcoinne fear a raibh club ina láimh aige.

He had no chance against a man armed with a club.

Bhí an fhírinne foghlamtha aige, agus níor dhearmad sé an ceacht sin riamh.

He had learned the truth, and he never forgot that lesson.

Ba é an t-arm sin tús an dlí i ndomhan nua Buck.

That weapon was the beginning of law in Buck's new world.

Ba é tús ordaithe ghéar, phrimitiúla é nach bhféadfadh sé a shéanadh.

It was the start of a harsh, primitive order he could not deny.

Ghlac sé leis an bhfírinne; bhí a chuid instincts fiáine múscailte anois.

He accepted the truth; his wild instincts were now awake.

Bhí an domhan níos crua, ach d'éirigh Buck ina choinne go cróga.

The world had grown harsher, but Buck faced it bravely.

Thug sé aghaidh ar an saol le rabhadh, le gliocas agus le neart ciúin nua.

He met life with new caution, cunning, and quiet strength.

Tháinig níos mó madraí, ceangailte i rópaí nó i gcliathbhoscaí cosúil leis an méid a bhí Buck.

More dogs arrived, tied in ropes or crates like Buck had been.

Tháinig cuid de na madraí go socair, bhí cuid eile ag dul i bhfeirg agus ag troid cosúil le hainmhithe fiáine.

Some dogs came calmly, others raged and fought like wild beasts.

Tugadh iad uile faoi riail an fhir le geansaí dearg.

All of them were brought under the rule of the red-sweatered man.

Gach uair, d'fhéach Buck agus chonaic sé an ceacht céanna ag teacht chun cinn.

Each time, Buck watched and saw the same lesson unfold.

Ba é an fear leis an gclub an dlí; máistir le géilleadh dó.

The man with the club was law; a master to be obeyed.

Ní raibh gá le go mbeadh cion aige air, ach b'éigean géilleadh dó.

He did not need to be liked, but he had to be obeyed.

Ní dhearna Buck croitheadh ná luascadh riamh mar a dhéanadh na madraí níos laige.

Buck never fawned or wagged like the weaker dogs did.

Chonaic sé madraí a bhí buailte agus a bhí fós ag lí lámh an fhir.

He saw dogs that were beaten and still licked the man's hand.

Chonaic sé madra amháin nach n-umhlódh ná nach ngéillfadh ar chor ar bith.

He saw one dog who would not obey or submit at all.

Throid an madra sin go dtí gur maraíodh é sa chath ar son smacht.

That dog fought until he was killed in the battle for control.

Thagadh strainséirí uaireanta chun an fear a raibh an geansaí dearg air a fheiceáil.

Strangers would sometimes come to see the red-sweatered man.

Labhair siad i dtoin aisteach, ag achainí, ag margáil, agus ag gáire.

They spoke in strange tones, pleading, bargaining, and laughing.

Nuair a malartaíodh airgead, d'imigh siad le madra amháin nó níos mó.

When money was exchanged, they left with one or more dogs.

Bhí Buck ag smaoineamh cá ndeachaigh na madraí seo, mar níor fhill aon cheann riamh.

Buck wondered where these dogs went, for none ever returned.

Líon eagla an anaithnid Buck gach uair a thagadh fear aisteach.

fear of the unknown filled Buck every time a strange man came

Bhí áthas air gach uair a tógadh madra eile, seachas é féin.

he was glad each time another dog was taken, rather than himself.

Ach faoi dheireadh, tháinig seal Buck le teacht fear aisteach.

But finally, Buck's turn came with the arrival of a strange man.

Bhí sé beag, sreangach, agus labhair sé i mBéarla briste agus ag mallú.

He was small, wiry, and spoke in broken English and curses.

"Sacredam!" a scread sé nuair a leag sé súile ar fhráma Buck.

"Sacredam!" he yelled when he laid eyes on Buck's frame.

"Sin madra bulaíochta mallaithe! Ha? Cé mhéad?" a d'fhiafraigh sé os ard.

"That's one damn bully dog! Eh? How much?" he asked aloud.

"Trí chéad, agus is bronntanas é ar an bpraghas sin,"

"Three hundred, and he's a present at that price,"

"Ós rud é gur airgead rialtais atá ann, níor cheart duit gearán a dhéanamh, a Perrault."

"Since it's government money, you shouldn't complain, Perrault."

Rinn Perrault gáire faoin margadh a bhí déanta aige leis an bhfear.

Perrault grinned at the deal he had just made with the man.

Bhí praghas na madraí tar éis ardú go mór mar gheall ar an éileamh tobann.

The price of dogs had soared due to the sudden demand.

Ní raibh trí chéad dollar éagórach do chréatúr chomh breá sin.

Three hundred dollars wasn't unfair for such a fine beast.

Ní chaillfeadh Rialtas Cheanada aon rud sa chomhaontú.

The Canadian Government would not lose anything in the deal

Ní chuirfí moill ar a gcuid seoltaí oifigiúla agus iad á dturas ach an oiread.

Nor would their official dispatches be delayed in transit.

Bhí aithne mhaith ag Perrault ar mhadraí, agus thuig sé gur rud neamhchoitianta a bhí i Buck.

Perrault knew dogs well, and could see Buck was something rare.

"Duine amháin i ngach deich deich míle," a smaoinigh sé agus é ag scrúdú corp Buck.

"One in ten ten-thousand," he thought, as he studied Buck's build.

Chonaic Buck an t-airgead ag athrú lámha, ach níor léirigh sé aon iontas.

Buck saw the money change hands, but showed no surprise.

Go gairid ina dhiaidh sin tugadh ar shiúl é féin agus Casta, madra cineálta Talamh an Éisc.

Soon he and Curly, a gentle Newfoundland, were led away.

Lean siad an fear beag ó chlós an geansaí rua.

They followed the little man from the red sweater's yard.

Sin an uair dheireanach a chonaic Buck riamh an fear leis an maide adhmaid.

That was the last Buck ever saw of the man with the wooden club.

Ó dheic an Narwhal d'fhéach sé ar Seattle ag imeacht i gcéin.

From the Narwhal's deck he watched Seattle fade into the distance.

Ba é an uair dheireanach freisin a chonaic sé an Deisceart te.

It was also the last time he ever saw the warm Southland.

Thug Perrault faoi dheic iad, agus d'fhág sé iad le François.

Perrault took them below deck, and left them with François.

Fathach dubh-aghaidheach agus lámha garbha, calloused ab ea François.

François was a black-faced giant with rough, calloused hands.

Bhí sé dorcha agus liathghorm; leathchineálach Francach-Ceanadach.

He was dark and swarthy; a half-breed French-Canadian.

Do Buck, ba chineál fir iad seo nár chonaic sé riamh cheana.

To Buck, these men were of a kind he had never seen before.

Thiocfadh sé chun aithne a chur ar go leor fear den chineál sin sna laethanta amach romhainn.

He would come to know many such men in the days ahead.

Níor tháinig cion aige orthu, ach tháinig meas aige orthu.

He did not grow fond of them, but he came to respect them.

Bhí siad cothrom agus críonna, agus níorbh fhéidir le haon mhadra iad a mhealladh.

They were fair and wise, and not easily fooled by any dog.

Bhreithnigh siad madraí go socair, agus níor phionós siad ach nuair a bhí siad tuillte acu.

They judged dogs calmly, and punished only when deserved.

Ar dheic íochtarach an Narwhal, casadh dhá mhadra ar Buck agus Casta.

In the Narwhal's lower deck, Buck and Curly met two dogs.

Madra mór bán a bhí i gceann acu, ó Spitzbergen oighreata i bhfad i gcéin.

One was a large white dog from far-off, icy Spitzbergen.

Bhí sé tar éis seoladh le bád sealgaireachta míolta móra uair amháin agus chuaigh sé isteach i ngrúpa suirbhéireachta.

He'd once sailed with a whaler and joined a survey group.

Bhí sé cairdiúil ar bhealach seiftiúil, rúnda agus cliste.

He was friendly in a sly, underhanded and crafty fashion.

Ag a gcéad bhéile, ghoid sé píosa feola as panna Buck.

At their first meal, he stole a piece of meat from Buck's pan.

Léim Buck chun pionós a ghearradh air, ach bhuail fuip François ar dtús.

Buck jumped to punish him, but François's whip struck first.

Lig an gadaí bán scread as, agus fuair Buck an cnámh goidte ar ais.

The white thief yelped, and Buck reclaimed the stolen bone.

Chuaigh an chóir sin i bhfeidhm ar Buck, agus thuill François a mheas.

That fairness impressed Buck, and François earned his respect.

Níor thug an madra eile beannú ar bith, agus ní raibh aon bheannacht uaidh ar ais.

The other dog gave no greeting, and wanted none in return.

Níor ghoid sé bia, ná níor shníomh sé faoi na daoine nua a tháinig le spéis.

He didn't steal food, nor sniff at the new arrivals with interest.

Bhí an madra seo gruama agus ciúin, gruama agus mall ag gluaiseacht.

This dog was grim and quiet, gloomy and slow-moving.

Thug sé rabhadh do Casta fanacht amach trí stánadh uirthi go géar.

He warned Curly to stay away by simply glaring at her.

Bhí a theachtaireacht soiléir; fág mé i m'aonar nó beidh trioblóid ann.

His message was clear; leave me alone or there'll be trouble.

Dáithí a tugadh air, agus is ar éigean a thug sé faoi deara a thimpeallacht.

He was called Dave, and he barely noticed his surroundings.

Chodail sé go minic, d'ith sé go ciúin, agus mhéanfadh sé anois is arís.

He slept often, ate quietly, and yawned now and again.

Bhí an long ag crónán i gcónaí leis an lián ag bualadh thíos.

The ship hummed constantly with the beating propeller below.

Chuaigh na laethanta thart gan mórán athraithe, ach d'éirigh an aimsir níos fuaire.

Days passed with little change, but the weather got colder.

Bhraith Buck ina chnámha é, agus thug sé faoi deara go ndearna na daoine eile amhlaidh freisin.

Buck could feel it in his bones, and noticed the others did too.

Ansin maidin amháin, stop an lián agus bhí gach rud ina thost.

Then one morning, the propeller stopped and all was still.

Scuab fuinneamh tríd an long; bhí rud éigin athraithe.

An energy swept through the ship; something had changed.

Tháinig François anuas, cheangail sé ar iall iad, agus thug sé aníos iad.

François came down, clipped them on leashes, and brought them up.

Shiúil Buck amach agus fuair sé an talamh bog, bán agus fuar.

Buck stepped out and found the ground soft, white, and cold.

Léim sé siar i ngreim scanraithe agus shníonn sé i mearbhall iomlán.

He jumped back in alarm and snorted in total confusion.

Bhí rudaí aisteacha bána ag titim ón spéir liath.

Strange white stuff was falling from the gray sky.

Chroith sé é féin, ach lean na calóga bána ag titim air.

He shook himself, but the white flakes kept landing on him.

Shnaois sé an stuif bán go cúramach agus lig sé cúpla píosa oighreata.

He sniffed the white stuff carefully and licked at a few icy bits.

Dóigh an púdar cosúil le tine, ansin d'imigh sé díreach dá theanga.

The powder burned like fire, then vanished right off his tongue.

Rinne Buck iarracht arís, agus an fuacht aisteach ag imeacht mearbhall air.

Buck tried again, puzzled by the odd vanishing coldness.

Rinne na fir timpeall air gáire, agus mhothaigh Buck náire.

The men around him laughed, and Buck felt embarrassed.

Ní raibh a fhios aige cén fáth, ach bhí náire air faoina imoibriú.

He didn't know why, but he was ashamed of his reaction.

Ba é seo a chéad taithí le sneachta, agus chuir sé mearbhall air.

It was his first experience with snow, and it confused him.

Dlí an Chlub agus an Fhiacail
The Law of Club and Fang

Bhraith an chéad lá de chuid Buck ar thrá Dyea cosúil le tromluí uafásach.
Buck's first day on the Dyea beach felt like a terrible nightmare.

Thug gach uair an chloig turraingí nua agus athruithe gan choinne do Buck.
Each hour brought new shocks and unexpected changes for Buck.

Bhí sé tarraingthe amach as an sibhialtacht agus caite i gcíor thuathail fhiáin.
He had been pulled from civilization and thrown into wild chaos.

Ní raibh sé seo ina shaol grianmhar, leisciúil le leamh agus le scíth.
This was no sunny, lazy life with boredom and rest.

Ní raibh síocháin ann, gan scíth, agus gan nóiméad gan chontúirt.
There was no peace, no rest, and no moment without danger.

Bhí mearbhall i réim i ngach rud, agus bhí contúirt i gcónaí gar.
Confusion ruled everything, and danger was always close.

B'éigean do Buck fanacht airdeallach mar bhí na fir agus na madraí seo difriúil.
Buck had to stay alert because these men and dogs were different.

Ní raibh siad as bailte; bhí siad fiáin agus gan trócaire.
They were not from towns; they were wild and without mercy.

Ní raibh a fhios ag na fir agus na madraí seo ach dlí an chlub agus an fhiacail.
These men and dogs only knew the law of club and fang.

Ní fhaca Buck madraí ag troid riamh mar na huskies fiáine seo.
Buck had never seen dogs fight like these savage huskies.

Mhúin a chéad taithí ceacht dó nach ndéanfadh sé dearmad air go deo.

His first experience taught him a lesson he would never forget.

Bhí an t-ádh air nach é a bhí ann, nó bheadh sé tar éis bás a fháil freisin.

He was lucky it was not him, or he would have died too.

Ba é Casta an té a d'fhulaing agus Buck ag faire agus ag foghlaim.

Curly was the one who suffered while Buck watched and learned.

Bhí campa déanta acu in aice le siopa a tógadh as logaí.

They had made camp near a store built from logs.

Rinne Casta iarracht a bheith cairdiúil le husky mór, cosúil le mac tíre.

Curly tried to be friendly to a large, wolf-like husky.

Bhí an husky níos lú ná Casta, ach bhí cuma fhiáin agus olc air.

The husky was smaller than Curly, but looked wild and mean.

Gan rabhadh, léim sé agus ghearr sé a aghaidh.

Without warning, he jumped and slashed her face open.

Ghearr a chuid fiacla óna súil síos go dtí a giall in aon ghluaiseacht amháin.

His teeth cut from her eye down to her jaw in one move.

Seo mar a throid mac tíre — buaileadh siad go gasta agus léimeadh siad ar shiúl.

This was how wolves fought — hit fast and jump away.

Ach bhí níos mó le foghlaim ná ón ionsaí amháin sin.

But there was more to learn than from that one attack.

Rith na dosaenacha huskies isteach agus rinne siad ciorcal ciúin.

Dozens of huskies rushed in and made a silent circle.

D'fhéach siad go géar agus lig siad a liopaí le hocras.

They watched closely and licked their lips with hunger.

Níor thuig Buck a dtost ná a súile fonnmhara.

Buck didn't understand their silence or their eager eyes.

Rith Casta chun ionsaí a dhéanamh ar an husky den dara huair.

Curly rushed to attack the husky a second time.

D'úsáid sé a bhrollach chun í a leagan le gluaiseacht láidir.

He used his chest to knock her over with a strong move.

Thit sí ar a taobh agus ní raibh sí in ann éirí arís.

She fell on her side and could not get back up.

Sin a raibh na daoine eile ag fanacht leis an am ar fad.

That was what the others had been waiting for all along.

Léim na huscí uirthi, ag béicíl agus ag drannadh go buile.

The huskies jumped on her, yelping and snarling in a frenzy.

Scread sí agus iad á cur faoi charn madraí.

She screamed as they buried her under a pile of dogs.

Bhí an t-ionsaí chomh gasta sin gur reo Buck ina áit le turraing.

The attack was so fast that Buck froze in place with shock.

Chonaic sé Spitz ag cur a theanga amach ar bhealach a bhí cosúil le gáire.

He saw Spitz stick out his tongue in a way that looked like a laugh.

Rug François ar tua agus rith sé díreach isteach sa ghrúpa madraí.

François grabbed an axe and ran straight into the group of dogs.

Bhain triúr fear eile úsáid as clubanna chun cabhrú leis na huskies a bhualadh ar shiúl.

Three other men used clubs to help beat the huskies away.

I gceann dhá nóiméad, bhí an troid thart agus na madraí imithe.

In just two minutes, the fight was over and the dogs were gone.

Bhí Casta ina luí marbh sa sneachta dearg, trampáilte, a corp stróicthe óna chéile.

Curly lay dead in the red, trampled snow, her body torn apart.

Sheas fear dorcha craicinn os a cionn, ag mallacht an radharc brúidiúil.

A dark-skinned man stood over her, cursing the brutal scene.

**D'fhan an chuimhne le Buck agus chuir sí isteach ar a
bhrionglóidí san oíche.**

The memory stayed with Buck and haunted his dreams at
night.

Sin a bhí ann anseo; gan aon chothrom, gan aon dara deis.

That was the way here; no fairness, no second chance.

Nuair a thitfeadh madra, mharódh na cinn eile gan trócaire.

Once a dog fell, the others would kill without mercy.

Shocraigh Buck ansin nach ligfeadh sé dó féin titim choíche.

Buck decided then that he would never allow himself to fall.

Shín Spitz a theanga amach arís agus gáire sé faoin fhuil.

Spitz stuck out his tongue again and laughed at the blood.

**Ón nóiméad sin ar aghaidh, bhí fuath ag Buck do Spitz ó
chroí.**

From that moment on, Buck hated Spitz with all his heart.

**Sula raibh deis ag Buck téarnamh ó bhás Casta, tharla rud
éigin nua.**

Before Buck could recover from Curly's death, something new
happened.

**Tháinig François anall agus cheangail sé rud éigin timpeall
chorp Buck.**

François came over and strapped something around Buck's
body.

**Úim a bhí ann cosúil leis na cinn a úsáidtear ar chapaill ag
an bhfeirm.**

It was a harness like the ones used on horses at the ranch.

**Ós rud é gur chonaic Buck capaill ag obair, b'éigean dó obair
a dhéanamh anois freisin.**

As Buck had seen horses work, now he was made to work too.

**B'éigean dó François a tharraingt ar sled isteach sa choill in
aice láimhe.**

He had to pull François on a sled into the forest nearby.

Ansin b'éigean dó ualach adhmaid throm a tharraingt siar.

Then he had to pull back a load of heavy firewood.

**Bhí Buck bródúil, mar sin ghoill sé air go gcaithfí leis mar
ainmhí oibre.**

Buck was proud, so it hurt him to be treated like a work animal.

Ach bhí sé críonna agus ní dhearna sé iarracht troid leis an staid nua.

But he was wise and didn't try to fight the new situation.

Ghlac sé lena shaol nua agus thug sé a dhícheall i ngach tasc.

He accepted his new life and gave his best in every task.

Bhí gach rud faoin obair aisteach agus neamhchoitianta dó.

Everything about the work was strange and unfamiliar to him.

Bhí François dian agus d'éiligh sé umhlaíocht gan mhoill.

François was strict and demanded obedience without delay.

D'áirithigh a fhuip go leanfaí gach ordú láithreach.

His whip made sure that every command was followed at once.

Ba é Dave an rothaitheoir, an madra ba ghaire don sled taobh thiar de Buck.

Dave was the wheeler, the dog nearest the sled behind Buck.

Ghreimfeadh Dave Buck ar na cosa cúil dá ndéanfadh sé botún.

Dave bit Buck on the back legs if he made a mistake.

Ba é Spitz an madra ceannais, oilte agus taithí aige sa ról.

Spitz was the lead dog, skilled and experienced in the role.

Ní raibh Spitz in ann teacht ar Buck go héasca, ach cheartaigh sé é mar sin féin.

Spitz could not reach Buck easily, but still corrected him.

Bhíodh sé ag drannadh go géar nó ag tarraingt an sled ar bhealaí a mhúin do Buck.

He growled harshly or pulled the sled in ways that taught Buck.

Faoin oiliúint seo, d'fhoghlaim Buck níos tapúla ná mar a bhí súil ag aon duine acu leis.

Under this training, Buck learned faster than any of them expected.

D'oibrigh sé go dian agus d'fhoghlaim sé ó François agus ó na madraí eile araon.

He worked hard and learned from both François and the other dogs.

Faoin am a d'fhill siad, bhí na príomhorduithe ar eolas ag Buck cheana féin.

By the time they returned, Buck already knew the key commands.

D'fhoghlaim sé stopadh ag fuaim "ho" ó François.

He learned to stop at the sound of "ho" from François.

D'fhoghlaim sé nuair a b'éigean dó an sled a tharraingt agus rith.

He learned when he had to pull the sled and run.

D'fhoghlaim sé casadh go leathan ag lúba sa chosán gan trioblóid.

He learned to turn wide at bends in the trail without trouble.

D'fhoghlaim sé freisin Dave a sheachaint nuair a chuaigh an sled síos an cnoc go gasta.

He also learned to avoid Dave when the sled went downhill fast.

"Is madraí an-mhaith iad," a dúirt François go bródúil le Perrault.

"They're very good dogs," François proudly told Perrault.

"Tarraingíonn an Buck sin go han-mhaith—múinim go tapaidh é."

"That Buck pulls like hell—I teach him quick as anything."

Níos déanaí an lá sin, tháinig Perrault ar ais le dhá mhadra husky eile.

Later that day, Perrault came back with two more husky dogs.

Billee agus Joe a bhí mar ainm orthu, agus ba dearbháireacha iad.

Their names were Billee and Joe, and they were brothers.

Tháinig siad ón máthair chéanna, ach ní raibh siad cosúil ar chor ar bith.

They came from the same mother, but were not alike at all.

Bhí Billee cineálta agus róchairdiúil le gach duine.

Billee was sweet-natured and too friendly with everyone.

Ba é Joe a mhalairt ar fad—ciúin, feargach, agus i gcónaí ag drannadh.

Joe was the opposite—quiet, angry, and always snarling.

Chuir Buck fáilte rompu go cairdiúil agus bhí sé socair leis an mbeirt.

Buck greeted them in a friendly way and was calm with both.

Níor thug Dáithí aird ar bith orthu agus d'fhan sé ina thost mar is gnách.

Dave paid no attention to them and stayed silent as usual.

Rinne Spitz ionsaí ar Billee ar dtús, agus ansin ar Joe, chun a cheannas a léiriú.

Spitz attacked first Billee, then Joe, to show his dominance.

Chroith Billee a eireaball agus rinne sé iarracht a bheith cairdiúil le Spitz.

Billee wagged his tail and tried to be friendly to Spitz.

Nuair nár éirigh leis sin, rinne sé iarracht rith ar shiúl ina ionad.

When that didn't work, he tried to run away instead.

Chaoin sé go brónach nuair a ghreim Spitz go crua é ar an taobh.

He cried sadly when Spitz bit him hard on the side.

Ach bhí Joe an-difriúil agus dhiúltaigh sé dul faoi bhulaíocht.

But Joe was very different and refused to be bullied.

Gach uair a tháinig Spitz i ngar dó, chas Joe go gasta chun aghaidh a thabhairt air.

Every time Spitz came near, Joe spun to face him fast.

Bhí a fhionnadh ag guaireach, a liopaí ag lúbadh, agus a chuid fiacla ag scoilt go fiáin.

His fur bristled, his lips curled, and his teeth snapped wildly.

Lonraigh súile Joe le heagla agus le buile, ag tabhairt dúshlán do Spitz bualadh.

Joe's eyes gleamed with fear and rage, daring Spitz to strike.

Thug Spitz suas an troid agus chas sé uaidh, náirithe agus feargach.

Spitz gave up the fight and turned away, humiliated and angry.

Lig sé a frustrachas amach ar an mbocht Billee agus ruaig sé ar shiúl é.

He took out his frustration on poor Billee and chased him away.

An tráthnóna sin, chuir Perrault madra amháin eile leis an bhfoireann.

That evening, Perrault added one more dog to the team.

Bhí an madra seo sean, caol, agus clúdaithe le coilm chatha.

This dog was old, lean, and covered in battle scars.

Bhí ceann dá shúile ar iarraidh, ach lonraigh an ceann eile le cumhacht.

One of his eyes was missing, but the other flashed with power.

Solleks a bhí mar ainm ar an madra nua, rud a chiallaigh an Feargach.

The new dog's name was Solleks, which meant the Angry One.

Cosúil le Dave, níor iarr Solleks tada ar dhaoine eile, agus níor thug sé tada ar ais.

Like Dave, Solleks asked nothing from others, and gave nothing back.

Nuair a shiúil Solleks go mall isteach sa champa, d'fhan Spitz fiú ar shiúl.

When Solleks walked slowly into camp, even Spitz stayed away.

Bhí nós aisteach aige nárbh ádhúil le Buck é a fháil amach.

He had a strange habit that Buck was unlucky to discover.

Bhí fuath ag Solleks dá ndéanfaí teagmháil leis ar an taobh a raibh sé dall.

Solleks hated being approached on the side where he was blind.

Ní raibh a fhios ag Buck é seo agus rinne sé an botún sin trí thimpiste.

Buck did not know this and made that mistake by accident.

Chas Solleks timpeall agus ghearr sé gualainn Buck go domhain agus go gasta.

Solleks spun around and slashed Buck's shoulder deep and fast.

Ón nóiméad sin ar aghaidh, níor tháinig Buck in aice le taobh dall Solleks riamh.

From that moment on, Buck never came near Solleks' blind side.

Ní raibh trioblóid acu arís riamh don chuid eile dá gcuid ama le chéile.

They never had trouble again for the rest of their time together.

Ní raibh Solleks ag iarraidh ach a bheith fágtha ina aonar, cosúil le Dave ciúin.

Solleks wanted only to be left alone, like quiet Dave.

Ach d'fhoghlaimeodh Buck níos déanaí go raibh sprioc rúnda eile ag gach duine acu.

But Buck would later learn they each had another secret goal.

An oíche sin, bhí dúshlán nua agus trioblóideach roimh Buck—conas codladh.

That night Buck faced a new and troubling challenge—how to sleep.

Lonraigh an puball go te le solas coinnle sa pháirc sneachta.

The tent glowed warmly with candlelight in the snowy field.

Shiúil Buck isteach, ag smaoineamh go bhféadfadh sé scíth a ligean ansin mar a bhí roimhe.

Buck walked inside, thinking he could rest there like before.

Ach scread Perrault agus François air agus chaith siad pannaí.

But Perrault and François yelled at him and threw pans.

Turraingthe agus mearbhall air, rith Buck amach isteach sa fhuacht reoite.

Shocked and confused, Buck ran out into the freezing cold.

Bhuail gaoth ghéar a ghualainn chréachtaithe agus reoigh sí a lapaí.

A bitter wind stung his wounded shoulder and froze his paws.

Luigh sé síos sa sneachta agus rinne sé iarracht codladh amuigh faoin aer.

He lay down in the snow and tried to sleep out in the open.

Ach níorbh fhada gur chuir an fuacht iallach air éirí arís, agus é ag crith go dona.

But the cold soon forced him to get back up, shaking badly.

Shiúil sé tríd an gcampa, ag iarraidh áit níos teo a aimsiú.

He wandered through the camp, trying to find a warmer spot.

Ach bhí gach cúinne chomh fuar leis an gceann roimhe.

But every corner was just as cold as the one before.

Uaireanta léim madraí fiáine air ón dorchadas.

Sometimes savage dogs jumped at him from the darkness.

Chrom Buck a fhionnadh, nocht sé a chuid fiacla, agus drann sé go rabhaidh.

Buck bristled his fur, bared his teeth, and snarled with warning.

Bhí sé ag foghlaim go gasta, agus d'imigh na madraí eile go gasta.

He was learning fast, and the other dogs backed off quickly.

Mar sin féin, ní raibh áit aige le codladh, agus ní raibh a fhios aige cad a dhéanfadh sé.

Still, he had no place to sleep, and no idea what to do.

Faoi dheireadh, tháinig smaoineamh chuige—seiceáil a dhéanamh ar a chomhghleacaithe foirne.

At last, a thought came to him—check on his team-mates.

D'fhill sé ar a gceantar agus chuir iontas air nuair a fuair sé amach iad imithe.

He returned to their area and was surprised to find them gone.

Chuardaigh sé an campa arís, ach ní raibh sé in ann iad a fháil fós.

Again he searched the camp, but still could not find them.

Bhí a fhios aige nach bhféadfaidís a bheith sa phuball, nó go mbeadh seisean ann freisin.

He knew they could not be in the tent, or he would be too.

Mar sin, cá raibh na madraí go léir imithe sa champa reoite seo?

So where had all the dogs gone in this frozen camp?

Chuaigh Buck, fuar agus trua, go mall timpeall an phubail.

Buck, cold and miserable, slowly circled around the tent.

Go tobann, chuaigh a chosa tosaigh i bhfolach sa sneachta bog agus chuir siad geit air.

Suddenly, his front legs sank into soft snow and startled him.

Chrom rud éigin faoina chosa, agus léim sé siar le heagla.
Something wriggled under his feet, and he jumped back in fear.

Rinne sé drannadh agus drannadh, gan a fhios aige cad a bhí faoin sneachta.
He growled and snarled, not knowing what lay beneath the snow.

Ansin chuala sé tafann beag cairdiúil a mhaolaigh a eagla.
Then he heard a friendly little bark that eased his fear.

Shnaois sé an t-aer agus tháinig sé níos gaire le feiceáil cad a bhí i bhfolach.
He sniffed the air and came closer to see what was hidden.

Faoin sneachta, fillte i liathróid te, bhí an Billee beag.
Under the snow, curled into a warm ball, was little Billee.

Chroith Billee a eireaball agus lig sé aghaidh Buck le beannú dó.
Billee wagged his tail and licked Buck's face to greet him.

Chonaic Buck conas a bhí áit codlata déanta ag Billee sa sneachta.
Buck saw how Billee had made a sleeping place in the snow.

Bhí sé tar éis tochailt síos agus a theas féin a úsáid le fanacht te.
He had dug down and used his own heat to stay warm.

Bhí ceacht eile foghlamtha ag Buck—seo mar a chodail na madraí.
Buck had learned another lesson—this was how the dogs slept.

Roghnaigh sé áit agus thosaigh sé ag tochailt a phoill féin sa sneachta.
He picked a spot and started digging his own hole in the snow.

Ar dtús, bhog sé timpeall an iomarca agus chuir sé fuinneamh amú.
At first, he moved around too much and wasted energy.

Ach go luath théigh a chorp an spás, agus bhraith sé sábháilte.
But soon his body warmed the space, and he felt safe.

Chuaigh sé i ngleic go docht, agus gan mhoill bhí sé ina chodladh go sámh.

He curled up tightly, and before long he was fast asleep.

Bhí an lá fada agus crua, agus bhí Buck tuirseach.

The day had been long and hard, and Buck was exhausted.

Chodail sé go domhain agus go compordach, cé go raibh a bhrionglóidí fiáin.

He slept deeply and comfortably, though his dreams were wild.

Bhrúigh agus thafann sé ina chodladh, ag casadh agus é ag brionglóid.

He growled and barked in his sleep, twisting as he dreamed.

Níor dhúisigh Buck go dtí go raibh an campa ag teacht chun beatha cheana féin.

Buck didn't wake up until the camp was already coming to life.

Ar dtús, ní raibh a fhios aige cá raibh sé ná cad a tharla.

At first, he didn't know where he was or what had happened.

Bhí sneachta tite thar oíche agus bhí a chorp faoi thalamh go hiomlán.

Snow had fallen overnight and completely buried his body.

Bhrúigh an sneachta isteach timpeall air, dlúth ar gach taobh.

The snow pressed in around him, tight on all sides.

Go tobann rith tonn eagla trí chorp ar fad Buck.

Suddenly a wave of fear rushed through Buck's entire body.

Ba é an eagla a bhí ann go ndéanfaí é a ghabháil, eagla ó instincts doimhne.

It was the fear of being trapped, a fear from deep instincts.

Cé nár chonaic sé gaiste riamh, mhair an eagla ina chroí istigh ann.

Though he had never seen a trap, the fear lived inside him.

Madra ceansa a bhí ann, ach anois bhí a shean-instincts fiáine ag dúiseacht.

He was a tame dog, but now his old wild instincts were waking.

Teannas matáin Buck, agus sheas a fhionnadh suas ar a dhroim ar fad.

Buck's muscles tensed, and his fur stood up all over his back.

Dranndáil sé go fíochmhar agus léim sé díreach suas tríd an sneachta.

He snarled fiercely and sprang straight up through the snow.

Bhí an sneachta ag eitilt i ngach treo agus é ag pléascadh isteach i solas an lae.

Snow flew in every direction as he burst into the daylight.

Fiú sular thuirling sé, chonaic Buck an campa scaipthe amach os a chomhair.

Even before landing, Buck saw the camp spread out before him.

Chuimhnigh sé ar gach rud ón lá roimhe sin, go léir ag an am céanna.

He remembered everything from the day before, all at once.

Chuimhnigh sé ar bheith ag spaisteoireacht le Manuel agus ar chríochnú san áit seo.

He remembered strolling with Manuel and ending up in this place.

Chuimhnigh sé ar an bpoll a thochailt agus titim ina chodladh sa bhfuacht.

He remembered digging the hole and falling asleep in the cold.

Anois bhí sé ina dhúiseacht, agus an domhan fiáin timpeall air soiléir.

Now he was awake, and the wild world around him was clear.

Chuaigh béic ó François ag cur fáilte roimh theacht tobann Buck.

A shout from François hailed Buck's sudden appearance.

"Cad a dúirt mé?" a scread an tiománaí madra go hard le Perrault.

"What did I say?" the dog-driver cried loudly to Perrault.

"Foghlaimíonn an Buck sin chomh sciobtha le rud ar bith, gan dabht," a dúirt François leis.

"That Buck for sure learns quick as anything," François added.

Chroith Perrault a cheann go tromchúiseach, agus é sásta leis an toradh go soiléir.

Perrault nodded gravely, clearly pleased with the result.

Mar chúiréir do Rialtas Cheanada, d'iompair sé seoltaí.

As a courier for the Canadian Government, he carried dispatches.

Bhí sé fonnmhar na madraí is fearr a aimsiú dá mhisean tábhachtach.

He was eager to find the best dogs for his important mission.

Mhothaigh sé go háirithe sásta anois go raibh Buck mar chuid den fhoireann.

He felt especially pleased now that Buck was part of the team.

Cuireadh trí huskie eile leis an bhfoireann laistigh d'uair an chloig.

Three more huskies were added to the team within an hour.

Thug sin líon iomlán na madraí ar an bhfoireann go naoi.

That brought the total number of dogs on the team to nine.

Laistigh de chúig nóiméad déag bhí na madraí go léir ina n-úmacha.

Within fifteen minutes all the dogs were in their harnesses.

Bhí an fhoireann sled ag luascadh suas an cosán i dtreo Dyea Cañon.

The sled team was swinging up the trail toward Dyea Cañon.

Bhí áthas ar Buck a bheith ag imeacht, fiú dá mbeadh an obair chrua roimhe.

Buck felt glad to be leaving, even if the work ahead was hard.

Fuair sé amach nach raibh gráin ar leith aige ar an saothar ná ar an bhfuacht.

He found he did not particularly despise the labor or the cold.

Bhí iontas air faoin díograis a líon an fhoireann ar fad.

He was surprised by the eagerness that filled the whole team.

Ba mhó fós an t-athrú a tháinig ar Dave agus Solleks.

Even more surprising was the change that had come over Dave and Solleks.

Bhí an dá mhadra seo go hiomlán difriúil nuair a bhí siad ceangailte.

These two dogs were entirely different when they were harnessed.

Bhí a n-éighníomhaíocht agus a n-easpa imní imithe go hiomlán.

Their passiveness and lack of concern had completely disappeared.

Bhí siad airdeallach agus gníomhach, agus fonnmhar a gcuid oibre a dhéanamh go maith.

They were alert and active, and eager to do their work well.

D'éirigh siad thar a bheith greannmhar faoi aon rud a chuir moill nó mearbhall ar dhaoine.

They grew fiercely irritated at anything that caused delay or confusion.

Ba í an obair chrua ar na sreanga croílár a mbeatha ar fad.

The hard work on the reins was the center of their entire being.

Ba chosúil gurbh é tarraingt sled an t-aon rud a thaitin leo i ndáiríre.

Sled pulling seemed to be the only thing they truly enjoyed.

Bhí Dave ag cúl an ghrúpa, an ceann is gaire don sled féin.

Dave was at the back of the group, closest to the sled itself.

Cuireadh Buck os comhair Dave, agus tharraing Solleks chun tosaigh ar Buck.

Buck was placed in front of Dave, and Solleks pulled ahead of Buck.

Bhí an chuid eile de na madraí sínte amach chun tosaigh i gcomhad amháin.

The rest of the dogs were strung out ahead in a single file.

Líon Spitz an post ceannais ag an tosaigh.

The lead position at the front was filled by Spitz.

Bhí Buck curtha idir Dave agus Solleks le haghaidh teagaisc.

Buck had been placed between Dave and Solleks for instruction.

Ba fhoghlaimeoir tapaidh é, agus ba mhúinteoirí daingean agus cumasacha iad.

He was a quick learner, and they were firm and capable teachers.

Níor lig siad do Buck fanacht sa bhotún ar feadh i bhfad.

They never allowed Buck to remain in error for long.

Mhúin siad a gceachtanna le fiacla géara nuair a bhí gá leo.

They taught their lessons with sharp teeth when needed.

Bhí Dave cothrom agus léirigh sé cineál eagna ciúin, dáiríre.

Dave was fair and showed a quiet, serious kind of wisdom.

Níor ghreim sé Buck riamh gan chúis mhaith leis sin a dhéanamh.

He never bit Buck without a good reason to do so.

Ach ní raibh sé riamh in ann greim a fháil nuair a bhí ceartú de dhíth ar Buck.

But he never failed to bite when Buck needed correction.

Bhí fuip François réidh i gcónaí agus thacaigh sé lena n-údarás.

François's whip was always ready and backed up their authority.

Thuig Buck go luath gurbh fhearr géilleadh ná troid ar ais.

Buck soon found it was better to obey than to fight back.

Uair amháin, le linn sos gearr, chuaigh Buck i bhfostú sna sreanga.

Once, during a short rest, Buck got tangled in the reins.

Chuir sé moill ar an tús agus chuir sé mearbhall ar ghluaiseacht na foirne.

He delayed the start and confused the team's movement.

Rinne Dave agus Solleks ionsaí air agus bhuail siad go garbh é.

Dave and Solleks flew at him and gave him a rough beating.

Níor éirigh an círéib ach níos measa, ach d'fhoghlaim Buck a cheacht go maith.

The tangle only got worse, but Buck learned his lesson well.

Ó shin i leith, choinnigh sé na sreanga teann, agus d'oibrigh sé go cúramach.

From then on, he kept the reins taut, and worked carefully.

Sula raibh deireadh leis an lá, bhí cuid mhór dá thasc curtha i gcrích ag Buck.

Before the day ended, Buck had mastered much of his task.

Beagnach gur stop a chomhghleacaithe de bheith á cheartú nó á ghreimniú.

His teammates almost stopped correcting or biting him.

Bhíodh fuip François ag pléascadh san aer níos lú agus níos lú.

François's whip cracked through the air less and less often.

Thóg Perrault cosa Buck fiú agus scrúdaigh sé gach lapa go cúramach.

Perrault even lifted Buck's feet and carefully examined each paw.

Bhí lá crua rith ann, fada agus tuirsiúil dóibh go léir.

It had been a hard day's run, long and exhausting for them all.

Thaistil siad suas an Cañon, trí Champa na gCaorach, agus thar na Scálaí.

They travelled up the Cañon, through Sheep Camp, and past the Scales.

Thrasnaigh siad an líne adhmaid, ansin oighearshruthanna agus carn sneachta go leor troigh ar doimhne.

They crossed the timber line, then glaciers and snowdrifts many feet deep.

Dhreap siad an Bhealach mhór fhuar agus toirmiscthe Chilkoot.

They climbed the great cold and forbidding Chilkoot Divide.

Sheas an droim ard sin idir uisce salann agus an taobh istigh reoite.

That high ridge stood between salt water and the frozen interior.

Chosain na sléibhte an Tuaisceart brónach agus uaigneach le hoighear agus dreapadáin ghéara.

The mountains guarded the sad and lonely North with ice and steep climbs.

Rinne siad dea-am síos slabhra fada lochanna faoin scoilt.

They made good time down a long chain of lakes below the divide.

Líon na lochanna sin cráitéir ársa na mbolcán múchta.

Those lakes filled the ancient craters of extinct volcanoes.

Go déanach an oíche sin, shroich siad campa mór ag Loch Bennett.

Late that night, they reached a large camp at Lake Bennett.

Bhí na mílte cuardaitheoirí óir ann, ag tógáil bád don earrach.

Thousands of gold seekers were there, building boats for spring.

Bhí an t-oighear ag briseadh suas go luath, agus b'éigean dóibh a bheith réidh.

The ice was going break up soon, and they had to be ready.

Thochail Buck a pholl sa sneachta agus thit sé i gcodladh domhain.

Buck dug his hole in the snow and fell into a deep sleep.

Chodail sé cosúil le fear oibre, tuirseach ón lá crua saothair.

He slept like a working man, exhausted from the harsh day of toil.

Ach ró-luath sa dorchadas, tarraingíodh as a chodladh é.

But too early in the darkness, he was dragged from sleep.

Ceanglaíodh é lena chairde arís agus den sled iad.

He was harnessed with his mates again and attached to the sled.

An lá sin rinne siad daichead míle, mar bhí an sneachta sáite go maith.

That day they made forty miles, because the snow was well trodden.

An lá dár gcionn, agus ar feadh go leor laethanta ina dhiaidh sin, bhí an sneachta bog.

The next day, and for many days after, the snow was soft.

B'éigean dóibh an cosán a dhéanamh iad féin, ag obair níos déine agus ag bogadh níos moille.

They had to make the path themselves, working harder and moving slower.

De ghnáth, shiúladh Perrault chun tosaigh ar an bhfoireann le bróga sneachta gréasánaithe.

Usually, Perrault walked ahead of the team with webbed snowshoes.

Phacaigh a chéimeanna an sneachta, rud a d'fhág go raibh sé níos fusa don sled bogadh.

His steps packed the snow, making it easier for the sled to move.

Ghlac François, a bhíodh ag stiúradh ón bpoill gee, seilbh ar an rothaí uaireanta.

François, who steered from the gee-pole, sometimes took over.

Ach is annamh a ghlac François an ceannas.

But it was rare that François took the lead

mar bhí deifir ar Perrault na litreacha agus na beartáin a sheachadadh.

because Perrault was in a rush to deliver the letters and parcels.

Bhí Perrault bródúil as a eolas ar shneachta, agus go háirithe ar oighear.

Perrault was proud of his knowledge of snow, and especially ice.

Bhí an t-eolas sin riachtanach, mar bhí oighear an fhómhair thar a bheith tanaí.

That knowledge was essential, because fall ice was dangerously thin.

San áit a raibh uisce ag sreabhadh go gasta faoin dromchla, ní raibh aon oighear ann ar chor ar bith.

Where water flowed fast beneath the surface, there was no ice at all.

Lá i ndiaidh lae, an gnáthamh céanna arís agus arís eile gan deireadh.

Day after day, the same routine repeated without end.

Bhí Buck ag obair gan stad sna sreanga ó bhreacadh an lae go dtí an oíche.

Buck toiled endlessly in the reins from dawn until night.

D'fhág siad an campa sa dorchadas, i bhfad sular éirigh an ghrian.

They left camp in the dark, long before the sun had risen.

Faoin am a tháinig solas an lae, bhí go leor mílte taobh thiar díobh cheana féin.

By the time daylight came, many miles were already behind them.

Chuaigh siad i gcampa tar éis dorchadas, ag ithe iasc agus ag pollta sa sneachta.

They pitched camp after dark, eating fish and burrowing into snow.

Bhí ocras i gcónaí ar Buck agus ní raibh sé riamh sásta i ndáiríre lena chuid bia.

Buck was always hungry and never truly satisfied with his ration.

Fuair sé punt go leith de bhradán triomaithe gach lá.

He received a pound and a half of dried salmon each day.

Ach is cosúil gur imigh an bia as radharc istigh ann, ag fágáil an ocras ina dhiaidh.

But the food seemed to vanish inside him, leaving hunger behind.

Bhí ocras air i gcónaí, agus bhí sé ag brionglóid faoi níos mó bia.

He suffered from constant pangs of hunger, and dreamed of more food.

Ní bhfuair na madraí eile ach punt amháin bia, ach d'fhan siad láidir.

The other dogs got only one pound of food, but they stayed strong.

Bhí siad níos lú, agus rugadh iad sa saol thuaidh.

They were smaller, and had been born into the northern life.

Chaill sé go gasta an dúchas a bhí mar thréith ar a sheanshaol.

He swiftly lost the fastidiousness which had marked his old life.

Bhíodh sé ina dhuine blasta bia, ach ní raibh sé sin indéanta a thuilleadh.

He had been a dainty eater, but now that was no longer possible.

Chríochnaigh a chairde ar dtús agus ghoid siad a réim bia neamhchríochnaithe uaidh.

His mates finished first and robbed him of his unfinished ration.

Nuair a thosaigh siad ní raibh aon bhealach ann a bhia a chosaint orthu.

Once they began there was no way to defend his food from them.

Cé gur throid sé dhá nó trí mhadra in aghaidh, ghoid na cinn eile an chuid eile.

While he fought off two or three dogs, the others stole the rest.

Chun seo a réiteach, thosaigh sé ag ithe chomh tapa agus a d'ith na daoine eile.

To fix this, he began eating as fast as the others ate.

Bhrúigh an t-ocras chomh mór sin air gur ghlac sé fiú bia nárbh leis féin.

Hunger pushed him so hard that he even took food not his own.

D'fhéach sé ar na daoine eile agus d'fhoghlaim sé go gasta óna ngníomhartha.

He watched the others and learned quickly from their actions.

Chonaic sé Pike, madra nua, ag goid slisne bagúin ó Perrault.

He saw Pike, a new dog, steal a slice of bacon from Perrault.

Bhí Pike tar éis fanacht go dtí gur casadh droim Perrault chun an bagún a ghoid.

Pike had waited until Perrault's back was turned to steal the bacon.

An lá dár gcionn, rinne Buck cóip de Pike agus ghoid sé an chuid ar fad.

The next day, Buck copied Pike and stole the whole chunk.

Lean círéib mhór, ach ní raibh amhras ar bith faoi Buck.

A great uproar followed, but Buck was not suspected.

Gearradh pionós ina ionad ar Dub, madra clúmhach a bhíodh gafa i gcónaí.

Dub, a clumsy dog who always got caught, was punished instead.

Léirigh an chéad ghoid sin gur madra a bhí oiriúnach do Buck maireachtáil sa Tuaisceart.

That first theft marked Buck as a dog fit to survive the North.

Léirigh sé go raibh sé in ann oiriúnú do dhálaí nua agus foghlaim go tapa.

He showed he could adapt to new conditions and learn quickly.

Gan an t-oiriúnaitheacht sin, bheadh sé tar éis bás a fháil go gasta agus go dona.

Without such adaptability, he would have died swiftly and badly.

Chomh maith leis sin, léirigh sé meath a nádúir mhorálta agus a luachanna san am atá thart.

It also marked the breakdown of his moral nature and past values.

Sa Deisceart, bhí sé ina chónaí faoi dhlí an ghrá agus na cineáltais.

In the Southland, he had lived under the law of love and kindness.

Ansin bhí ciall leis meas a bheith agat ar mhaoin agus ar mhothúcháin madraí eile.

There it made sense to respect property and other dogs' feelings.

Ach lean an Northland dlí an chlub agus dlí an fang.

But the Northland followed the law of club and the law of fang.

An té a raibh meas aige ar sheanluachanna anseo, ba amaideach é agus theipfeadh air.

Whoever respected old values here was foolish and would fail.

Níor réasúnaigh Buck seo ar fad ina intinn.

Buck did not reason all this out in his mind.

Bhí sé aclaí, agus mar sin d'athraigh sé gan a bheith ag smaoineamh.

He was fit, and so he adjusted without needing to think.

Ar feadh a shaoil, níor theith sé riamh ó throid.

All his life, he had never run away from a fight.

Ach d'athraigh club adhmaid an fhir sa geansaí dearg an riail sin.

But the wooden club of the man in the red sweater changed that rule.

Anois lean sé cód níos doimhne, níos sine a bhí scríofa ina bheith.

Now he followed a deeper, older code written into his being.

Níor ghoid sé as pléisiúr, ach as pian an ocrais.

He did not steal out of pleasure, but from the pain of hunger.

Ní dhearna sé robáil go hoscailte riamh, ach ghoid sé le gliceas agus le cúram.

He never robbed openly, but stole with cunning and care.

Ghníomhaigh sé as meas don chlub adhmaid agus as eagla roimh an fang.

He acted out of respect for the wooden club and fear of the fang.

I mbeagán focal, rinne sé an rud a bhí níos éasca agus níos sábháilte ná gan é a dhéanamh.

In short, he did what was easier and safer than not doing it.

Bhí a fhorbairt—nó b'fhéidir a fhilleadh ar shean-instincts—tapa.

His development—or perhaps his return to old instincts—was fast.

Chruadhaigh a matáin go dtí gur mhothaigh siad chomh láidir le hiarann.

His muscles hardened until they felt as strong as iron.

Ní raibh cúram air a thuilleadh faoin bpian, mura raibh sé tromchúiseach.

He no longer cared about pain, unless it was serious.

D'éirigh sé éifeachtach istigh agus amuigh, gan tada a chur amú ar chor ar bith.

He became efficient inside and out, wasting nothing at all.

D'fhéadfadh sé rudaí a bhí gránna, lofa, nó deacair a dhíleá a ithe.

He could eat things that were vile, rotten, or hard to digest.

Cibé rud a d'íosfadh sé, d'úsáid a bholg gach giota de luach.

Whatever he ate, his stomach used every last bit of value.

D'iompair a chuid fola na cothaithigh i bhfad trína chorp cumhachtach.

His blood carried the nutrients far through his powerful body.

Thóg sé seo fíocháin láidre a thug seasmhacht dochreidte dó.

This built strong tissues that gave him incredible endurance.

Bhí a radharc agus a bholadh i bhfad níos íogaire ná riamh.

His sight and smell became much more sensitive than before.

D'éirigh a éisteacht chomh géar sin gur fhéadfadh sé fuaimeanna laga a bhrath ina chodladh.

His hearing grew so sharp he could detect faint sounds in sleep.

Bhí a fhios aige ina bhrionglóidí an raibh na fuaimeanna ag ciallú sábháilteachta nó contúirte.

He knew in his dreams whether the sounds meant safety or danger.

D'fhoghlaim sé conas an t-oighear idir a bharraicíní a bhéiceadh lena chuid fiacla.

He learned to bite the ice between his toes with his teeth.

Dá reofeadh poll uisce, bhrisfeadh sé an t-oighear lena chosa.

If a water hole froze over, he would break the ice with his legs.

Sheas sé ina sheasamh agus bhuail sé an t-oighear go crua le géaga tosaigh righne.

He reared up and struck the ice hard with stiff front limbs.

Ba é a chumas ba shuntasaí ná athruithe gaoithe a thuar thar oíche.

His most striking ability was predicting wind changes overnight.

Fiú nuair a bhí an t-aer socair, roghnaigh sé áiteanna a bhí faoi chosaint ón ngaoth.

Even when the air was still, he chose spots sheltered from wind.

Pé áit a dtochail sé a nead, chuaigh gaoth an lae dár gcionn thart.

Wherever he dug his nest, the next day's wind passed him by.

Bhíodh sé i gcónaí cluthar agus faoi chosaint, ar thaobh na gaoithe.

He always ended up snug and protected, to leeward of the breeze.

Ní hamháin gur fhoghlaim Buck trí thaithí — d'fhill a chuid instincts freisin.

Buck not only learned by experience—his instincts returned too.

Thosaigh nósanna na nglún ceansaithe ag titim as feidhm.

The habits of domesticated generations began to fall away.

Ar bhealaí doiléire, chuimhnigh sé ar ré ársa a chinidhe.

In vague ways, he remembered the ancient times of his breed.

Smaoinigh sé siar ar an am a bhí madraí fiáine ag rith i ngrúpaí trí fhoraoisí.

He thought back to when wild dogs ran in packs through forests.

Bhí siad tar éis a gcreach a ruaigeadh agus a mharú agus iad á rith síos.

They had chased and killed their prey while running it down.

Bhí sé éasca do Buck foghlaim conas troid le fiacail agus le luas.

It was easy for Buck to learn how to fight with tooth and speed.

D'úsáid sé gearrthacha, slasanna, agus snapanna gasta díreach cosúil lena shinsir.

He used cuts, slashes, and quick snaps just like his ancestors.

Chorraigh na sinsir sin ann agus dhúisigh siad a nádúr fiáin.

Those ancestors stirred within him and awoke his wild nature.

Bhí a seanscileanna tar éis dul isteach ann tríd an líne fola.

Their old skills had passed into him through the bloodline.

Ba leis a gcuid cleasa anois, gan aon ghá le cleachtadh ná iarracht.

Their tricks were his now, with no need for practice or effort.

Ar oícheanta fuara, ciúine, thóg Buck a shrón agus bhíodh sé ag ulradh.

On still, cold nights, Buck lifted his nose and howled.

Lig sé uaill fhada agus dhomhain, mar a rinne mac tíre fadó.

He howled long and deep, the way wolves had done long ago.

Tríd é, dhírigh a shinsear marbha a srónacha agus d'ulraigh siad.

Through him, his dead ancestors pointed their noses and howled.

D'ulc siad síos trí na cianta ina ghlór agus ina chruth.

They howled down through the centuries in his voice and shape.

Ba leo a chadáinsí, seanghlaoigh a d'inis faoi bhrón agus faoi fhuacht.

His cadences were theirs, old cries that told of grief and cold.

Chan siad faoin dorchadas, faoin ocras, agus faoi bhrí an gheimhridh.

They sang of darkness, of hunger, and the meaning of winter.

Chruthaigh Buck conas a mhúnlaítear an saol ag fórsaí lasmuigh den duine féin,

Buck proved of how life is shaped by forces beyond oneself,

D'éirigh an t-amhrán ársa trí Buck agus ghabh sé greim ar a anam.

the ancient song rose through Buck and took hold of his soul.

Fuair sé é féin mar gheall gur aimsigh fir ór sa Tuaisceart.

He found himself because men had found gold in the North.

Agus fuair sé é féin mar gheall ar airgead a bheith ag teastáil ó Manuel, cúntóir an ghairdíneora.

And he found himself because Manuel, the gardener's helper, needed money.

An Beithíoch Bhunaidh Cheannasach
The Dominant Primordial Beast

Bhí an beithíoch phríomhúil cheannasach chomh láidir agus
a bhí sí riamh i mBuck.

The dominant primordial beast was as strong as ever in Buck.

Ach bhí an beithíoch phríomhúil cheannasach ina luí ann.

But the dominant primordial beast had lain dormant in him.

Bhí an saol ar an gcosán crua, ach neartaigh sé an beithíoch
istigh sa Buck.

Trail life was harsh, but it strengthened beast inside Buck.

Go rúnda, d'fhás an beithíoch níos láidre agus níos láidre
gach lá.

Secretly the beast grew stronger and stronger every day.

Ach d'fhan an fás inmheánach sin i bhfolach don domhan
lasmuigh.

But that inner growth stayed hidden to the outside world.

Bhí fórsa bunaidh ciúin socair ag forbairt taobh istigh de
Buck.

A quiet and calm primordial force was building inside Buck.

Thug cleasaíocht nua cothromaíocht, smacht socair agus
stuaim do Buck.

New cunning gave Buck balance, calm control, and poise.

Dhírigh Buck go dian ar oiriúnú, gan mothú go raibh sé go
hiomlán suaimhneach riamh.

Buck focused hard on adapting, never feeling fully relaxed.

Sheachain sé coimhlint, níor thosaigh sé troideanna riamh,
ná níor lorg sé trioblóide.

He avoided conflict, never starting fights, nor seeking trouble.

Mhúnlaigh machnamh mall, seasta gach gluaiseacht a rinne
Buck.

A slow, steady thoughtfulness shaped Buck's every move.

Sheachain sé roghanna meargánta agus cinntí tobann,
meargánta.

He avoided rash choices and sudden, reckless decisions.

Cé gur fhuath mór a bhí ag Buck do Spitz, níor léirigh sé aon
ionsaitheacht dó.

Though Buck hated Spitz deeply, he showed him no aggression.

Níor spreag Buck Spitz riamh, agus choinnigh sé srian lena ghníomhartha.

Buck never provoked Spitz, and kept his actions restrained.

Bhraith Spitz, ar an láimh eile, an baol a bhí ag dul i méid i mBuck.

Spitz, on the other hand, sensed the growing danger in Buck.

Chonaic sé Buck mar bhagairt agus mar dhúshlán tromchúiseach dá chumhacht.

He saw Buck as a threat and a serious challenge to his power.

Bhain sé úsáid as gach deis chun drannadh agus a chuid fiacla géara a thaispeáint.

He used every chance to snarl and show his sharp teeth.

Bhí sé ag iarraidh an troid mharfach a bhí le teacht a thosú.

He was trying to start the deadly fight that had to come.

Go luath sa turas, beagnach gur phléasc troid amach eatarthu.

Early in the trip, a fight nearly broke out between them.

Ach chuir timpiste gan choinne stop leis an troid.

But an unexpected accident stopped the fight from happening.

An tráthnóna sin chuir siad campa ar Loch Le Barge, a bhí searbhfhuar.

That evening they set up camp on the bitterly cold Lake Le Barge.

Bhí an sneachta ag titim go crua, agus ghearr an ghaoth cosúil le scian.

The snow was falling hard, and the wind cut like a knife.

Bhí an oíche tagtha ró-thapa, agus bhí dorchadas timpeall orthu.

The night had come too fast, and darkness surrounded them.

Is ar éigean a d'fhéadfadh siad áit níos measa a roghnú le haghaidh scíthe.

They could hardly have chosen a worse place for rest.

Chuardaigh na madraí go héiginnteach áit le luí síos.

The dogs searched desperately for a place to lie down.

D'éirigh balla ard carraige go géar taobh thiar den ghrúpa beag.

A tall rock wall rose steeply behind the small group.

Bhí an puball fágtha ina dhiaidh i nDyea chun an t-ualach a éadromú.

The tent had been left behind in Dyea to lighten the load.

Ní raibh aon rogha acu ach an tine a dhéanamh ar an oighear féin.

They had no choice but to make the fire on the ice itself.

Scaip siad a gcuid róbaí codlata go díreach ar an loch reoite.

They spread their sleeping robes directly on the frozen lake.

Thug cúpla bata adhmaid ghluaiste beagán tine dóibh.

A few sticks of driftwood gave them a little bit of fire.

Ach tógadh an tine ar an oighear, agus leádh sí tríd.

But the fire was built on the ice, and thawed through it.

Faoi dheireadh bhí siad ag ithe a suipéir sa dorchadas.

Eventually they were eating their supper in darkness.

Chuaigh Buck i bhfolach in aice leis an gcarraig, faoi chosaint ón ngaoth fhuar.

Buck curled up beside the rock, sheltered from the cold wind.

Bhí an áit chomh te agus chomh sábháilte sin gur fuath le Buck bogadh ar shiúl.

The spot was so warm and safe that Buck hated to move away.

Ach bhí an t-iasc téite ag François agus bhí sé ag dáileadh bia.

But François had warmed the fish and was handing out rations.

Chríochnaigh Buck ag ithe go tapaidh, agus d'fhill sé ar a leaba.

Buck finished eating quickly, and returned to his bed.

Ach bhí Spitz ina luí anois san áit a raibh Buck tar éis a leaba a dhéanamh.

But Spitz was now laying where Buck had made his bed.

Thug drannadh íseal rabhadh do Buck nár bhog Spitz.

A low snarl warned Buck that Spitz refused to move.

Go dtí seo, sheachain Buck an troid seo le Spitz.

Until now, Buck had avoided this fight with Spitz.

Ach i ndoimhneacht Buck, scaoil an beithíoch saor sa deireadh.

But deep inside Buck the beast finally broke loose.

Bhí goid a áite codlata ró-dhian le glacadh leis.

The theft of his sleeping place was too much to tolerate.

Sheol Buck é féin i dtreo Spitz, lán feirge agus buile.

Buck launched himself at Spitz, full of anger and rage.

Go dtí sin, cheap Spitz nach raibh i mBuck ach madra mór.

Up until not Spitz had thought Buck was just a big dog.

Níor cheap sé gur mhair Buck trína spiorad.

He didn't think Buck had survived through his spirit.

Bhí sé ag súil le heagla agus le claontacht, ní le fearg ná le díoltas.

He was expecting fear and cowardice, not fury and revenge.

D'fhéach François agus an dá mhadra ag pléascadh amach as an nead scriosta.

François stared as both dogs burst from the ruined nest.

Thuig sé láithreach cad a chuir tús leis an streachailt fhiáin.

He understood at once what had started the wild struggle.

"Aa-aa!" a scread François amach ag tacú leis an madra donn.

"A-a-ah!" François cried out in support of the brown dog.

"Tabhair bualadh dó! Dar le Dia, pionósaigh an gadaí sleamhain sin!"

"Give him a beating! By God, punish that sneaky thief!"

Léirigh Spitz an ullmhacht chéanna agus an fonn céanna chun troid.

Spitz showed equal readiness and wild eagerness to fight.

Ghlaoigh sé amach le buile agus é ag ciorcalú go gasta, ag lorg oscailt.

He cried out in rage while circling fast, seeking an opening.

Léirigh Buck an fonn céanna chun troda, agus an rabhadh céanna.

Buck showed the same hunger to fight, and the same caution.

Chuaigh sé timpeall ar a chéile comhraic chomh maith, ag iarraidh an lámh in uachtar a fháil sa chath.

He circled his opponent as well, trying to gain the upper hand in battle.

Ansin tharla rud gan choinne agus d'athraigh sé gach rud.

Then something unexpected happened and changed everything.

Chuir an nóiméad sin moill ar an troid deiridh ar son na ceannaireachta.

That moment delayed the eventual fight for the leadership.

Bhí go leor mílte de chosán agus de streachailt fós ag fanacht roimh an deireadh.

Many miles of trail and struggle still waited before the end.

Ghlaodh Perrault mionn agus bhuail club i gcoinne cnámh.

Perrault shouted an oath as a club smacked against bone.

Lean béic ghéar pian, ansin phléasc círéib ar fud an domhain.

A sharp yelp of pain followed, then chaos exploded all around.

Ghluais cruthanna dorcha sa champa; huscaithe fiáine, ocrach agus fíochmhar.

Dark shapes moved in camp; wild huskies, starved and fierce.

Bhí ceithre nó cúig dhosaen huskies tar éis boladh a fháil ar an gcampa ó chian.

Four or five dozen huskies had sniffed the camp from far away.

Bhí siad tar éis sleamhnú isteach go ciúin agus an dá mhadra ag troid in aice láimhe.

They had crept in quietly while the two dogs fought nearby.

Rinne François agus Perrault ionsaí, ag luascadh bataí i gcoinne na n-ionróirí.

François and Perrault charged, swinging clubs at the invaders.

Thaispeáin na huskies ocracha fiacla agus throid siad ar ais go buile.

The starving huskies showed teeth and fought back in frenzy.

Bhí boladh na feola agus an aráin tar éis gach eagla a chur orthu.

The smell of meat and bread had driven them past all fear.

Bhuail Perrault madra a raibh a cheann curtha sa bhosca bia.

Perrault beat a dog that had buried its head in the grub-box.

Bhuail an buille go crua, agus chas an bosca, agus doirteadh bia amach.

The blow hit hard, and the box flipped, food spilling out.

I soicindí, stróic scór beithíoch fiáine an t-arán agus an fheoil.

In seconds, a score of wild beasts tore into the bread and meat.

Tháinig buille i ndiaidh buille ar chlubanna na bhfear, ach níor chas aon mhadra uathu.

The men's clubs landed blow after blow, but no dog turned away.

Lig siad uaill as pian, ach throid siad go dtí nach raibh aon bhia fágtha.

They howled in pain, but fought until no food remained.

Idir an dá linn, bhí na madraí sled léim as a leapacha sneachta.

Meanwhile, the sled-dogs had jumped from their snowy beds.

Rinne na huskies ocracha borba ionsaí orthu láithreach.

They were instantly attacked by the vicious hungry huskies.

Ní fhaca Buck créatúir chomh fiáin agus chomh ocrach riamh cheana.

Buck had never seen such wild and starved creatures before.

Bhí a gcraiceann scaoilte, agus is ar éigean a bhí a gcnámharlaigh i bhfolach.

Their skin hung loose, barely hiding their skeletons.

Bhí tine ina súile, ón ocras agus ón mire

There was a fire in their eyes, from hunger and madness

Ní raibh aon stad le déanamh orthu; ní raibh aon fhéadfá cur i gcoinne a ruathar fiáin.

There was no stopping them; no resisting their savage rush.

Brúnnaíodh na madraí sled siar, brúite i gcoinne bhalla na haille.

The sled-dogs were shoved back, pressed against the cliff wall.

Rinne trí huscí ionsaí ar Buck ag an am céanna, ag stróiceadh a fheola.

Three huskies attacked Buck at once, tearing into his flesh.

Doirteadh fuil óna cheann agus a ghuaillí, áit a raibh sé gearrtha.

Blood poured from his head and shoulders, where he'd been cut.

Líon an torann an campa; drannadh, béicíl, agus caoineadh pian.

The noise filled the camp; growling, yelps, and cries of pain.

Ghlaoigh Billee go hard, mar is gnách, gafa sa scaoll agus sa raic.

Billee cried loudly, as usual, caught in the fray and panic.

Sheas Dave agus Solleks taobh le taobh, ag cur fola ach ag dúshlán.

Dave and Solleks stood side by side, bleeding but defiant.

Throid Joe cosúil le deamhan, ag greimniú aon rud a tháinig ina ghar.

Joe fought like a demon, biting anything that came close.

Bhrúigh sé cos husky le snap amháin brúidiúil dá ghialla.

He crushed a husky's leg with one brutal snap of his jaws.

Léim Pike ar an husky créachtaithe agus bhris sé a mhuineál láithreach.

Pike jumped on the wounded husky and broke its neck instantly.

Rug Buck ar scornach husky agus stróic sé tríd an fhéith.

Buck caught a husky by the throat and ripped through the vein.

Spraeáil fuil, agus chuir an blas te Buck ar mire.

Blood sprayed, and the warm taste drove Buck into a frenzy.

Chaith sé é féin ar ionsaitheoir eile gan leisce.

He hurled himself at another attacker without hesitation.

Ag an nóiméad céanna, sháigh fiacla géara isteach i scornach Buck féin.

At the same moment, sharp teeth dug into Buck's own throat.

Bhí Spitz tar éis bualadh ón taobh, ag ionsaí gan rabhadh.

Spitz had struck from the side, attacking without warning.

Bhí Perrault agus François tar éis na madraí a bhí ag goid an bhia a shárú.

Perrault and François had defeated the dogs stealing the food.

Anois rinne siad deifir chun cabhrú lena gcuid madraí troid ar ais i gcoinne na n-ionsaitheoirí.

Now they rushed to help their dogs fight back the attackers.

D'imigh na madraí ocracha siar agus na fir ag luascadh a gclubanna.

The starving dogs retreated as the men swung their clubs.

Bhris Buck saor ón ionsaí, ach níorbh fhada gur éalaigh sé.

Buck broke free from the attack, but the escape was brief.

Rith na fir chun a gcuid madraí a shábháil, agus tháinig na huskies chun cinn arís.

The men ran to save their dogs, and the huskies swarmed again.

Léim Billee, agus eagla air go misniúil, isteach sa phacáiste madraí.

Billee, frightened into bravery, leapt into the pack of dogs.

Ach ansin theith sé trasna an oighir, i sceimhle agus i scaoll lom.

But then he fled across the ice, in raw terror and panic.

Lean Pike agus Dub go dlúth ina ndiaidh, ag rith ar a son.

Pike and Dub followed close behind, running for their lives.

Bhris an chuid eile den fhoireann agus scaipeadh iad, ag leanúint ina ndiaidh.

The rest of the team broke and scattered, following after them.

Bhailigh Buck a neart le rith, ach ansin chonaic sé splanc.

Buck gathered his strength to run, but then saw a flash.

Léim Spitz i dtreo Buck, ag iarraidh é a bhualadh ar an talamh.

Spitz lunged at Buck's side, trying to knock him to the ground.

Faoin slua sin de huskies, ní bheadh aon éalú ag Buck.

Under that mob of huskies, Buck would have had no escape.

Ach sheas Buck go daingean agus d'ullmhaigh sé don bhuille ó Spitz.

But Buck stood firm and braced for the blow from Spitz.

Ansin chas sé agus rith sé amach ar an oighear leis an bhfoireann a bhí ag teitheadh.

Then he turned and ran out onto the ice with the fleeing team.

Níos déanaí, bhailigh na naoi madra sled le chéile i bhfoscadh na gcoillte.

Later, the nine sled-dogs gathered in the shelter of the woods.

Níor lean aon duine iad a thuilleadh, ach bhuaileadh agus gortaíodh iad.

No one chased them anymore, but they were battered and wounded.

Bhí créachta ar gach madra; ceithre nó cúig ghearradh domhain ar gach corp.

Each dog had wounds; four or five deep cuts on every body.

Bhí cos chúl gortaithe ag Dub agus bhí sé deacair air siúl anois.

Dub had an injured hind leg and struggled to walk now.

Bhí scornach gearrtha ar Dolly, an madra is nuaí ó Dyea.

Dolly, the newest dog from Dyea, had a slashed throat.

Bhí súil caillte ag Joe, agus bhí cluas Billee gearrtha ina phíosaí.

Joe had lost an eye, and Billee's ear was cut to pieces

Ghlaoigh na madraí go léir le pian agus le bua i rith na hoíche.

All the dogs cried in pain and defeat through the night.

Ag breacadh an lae, shleamhnaigh siad ar ais go dtí an campa, tinn agus briste.

At dawn they crept back to camp, sore and broken.

Bhí na huskies imithe, ach bhí an damáiste déanta.

The huskies had vanished, but the damage had been done.

Sheas Perrault agus François i ngiúmar grianach os comhair an fhothrach.

Perrault and François stood in foul moods over the ruin.

Bhí leath den bhia imithe, goidte ag na gadaithe ocracha.

Half of the food was gone, snatched by the hungry thieves.

Bhí na huscí tar éis stróiceadh trí cheanglais sled agus chanbhás.

The huskies had torn through sled bindings and canvas.

Aon rud a raibh boladh bia air, bhí sé sloite go hiomlán.

Anything with a smell of food had been devoured completely.

D'ith siad péire buataisí taistil Perrault, déanta as craiceann móise.

They ate a pair of Perrault's moose-hide traveling boots.

Cheag siad reis leathair agus scrios siad strapaí nach raibh inúsáidte.

They chewed leather reis and ruined straps beyond use.

Stop François ag stánadh ar an fabhra stróicthe le súil a choinneáil ar na madraí.

François stopped staring at the torn lash to check the dogs.

"Ó, a chairde," a dúirt sé, a ghlór íseal agus lán imní.

"Ah, my friends," he said, his voice low and filled with worry.

"B'fhéidir go n-iompóidh na greimeanna seo go léir ina beithígh ar mire thú."

"Maybe all these bites will turn you into mad beasts."

"B'fhéidir gur madraí buile iad go léir, a naofa! Cad a cheapann tú, a Perrault?"

"Maybe all mad dogs, sacredam! What do you think, Perrault?"

Chroith Perrault a cheann, a shúile dorcha le himní agus eagla.

Perrault shook his head, eyes dark with concern and fear.

Bhí ceithre chéad míle fós idir iad agus Dawson.

Four hundred miles still lay between them and Dawson.

D'fhéadfadh buile na madraí anois aon seans marthanais a scrios.

Dog madness now could destroy any chance of survival.

Chaith siad dhá uair an chloig ag mionnú agus ag iarraidh an trealamh a dheisiú.

They spent two hours swearing and trying to fix the gear.

D'fhág an fhoireann gortaithe an campa sa deireadh, briste agus buailte.

The wounded team finally left the camp, broken and defeated.

Ba é seo an cosán ba dheacra go dtí seo, agus bhí gach céim pianmhar.

This was the hardest trail yet, and each step was painful.

Ní raibh Abhainn na dTríocha Míle reoite, agus bhí sí ag rith go fiáin.

The Thirty Mile River had not frozen, and was rushing wildly.

I spotaí ciúine agus i gcuairteanna casta amháin a d'éirigh leis an oighear greim a choinneáil.

Only in calm spots and swirling eddies did ice manage to hold.

Chuaigh sé lá d'obair chrua thart go dtí gur críochnaíodh na tríocha míle.

Six days of hard labor passed until the thirty miles were done.

Thug gach míle den chosán contúirt agus bagairt an bháis leis.

Each mile of the trail brought danger and the threat of death.

Chuir na fir agus na madraí a saol i mbaol le gach céim phianmhar.

The men and dogs risked their lives with every painful step.

Bhris Perrault trí dhroichid tanaí oighir dosaen uair éagsúla.

Perrault broke through thin ice bridges a dozen different times.

D'iompair sé cuaille agus lig sé di titim trasna an phoill a rinne a chorp.

He carried a pole and let it fall across the hole his body made.

Níos mó ná uair amháin a shábháil an cuaille sin Perrault ó bháthadh.

More than once did that pole save Perrault from drowning.

Lean an fuacht go daingean, bhí an t-aer caoga céim faoi bhun náid.

The cold snap held firm, the air was fifty degrees below zero.

Gach uair a thitfeadh sé isteach, b'éigean do Perrault tine a lasadh le maireachtáil.

Every time he fell in, Perrault had to light a fire to survive.

Reoigh éadaí fliucha go gasta, mar sin thriomaigh sé iad in aice le teas loiscneach.

Wet clothing froze fast, so he dried them near blazing heat.

Níor bhain eagla riamh le Perrault, agus sin a rinne cúiréireachta de.

No fear ever touched Perrault, and that made him a courier.

Roghnaíodh é le haghaidh contúirte, agus thug sé aghaidh air le rún ciúin.

He was chosen for danger, and he met it with quiet resolve.

Bhrúigh sé ar aghaidh i gcoinne na gaoithe, a aghaidh chraptha siocTha.

He pressed forward into wind, his shriveled face frostbitten.

Ó bhreacadh an lae go dtí titim na hoíche, threoraigh Perrault ar aghaidh iad.

From faint dawn to nightfall, Perrault led them onward.

Shiúil sé ar oighear imeallach caol a scoilteadh le gach céim.

He walked on narrow rim ice that cracked with every step.

Ní raibh siad ag iarraidh stopadh—bhí baol ann go dtitfidís as a chéile le gach sos.

They dared not stop—each pause risked a deadly collapse.

Uair amháin bhris an sled tríd, ag tarraingt Dave agus Buck isteach.

One time the sled broke through, pulling Dave and Buck in.

Faoin am a tarraingíodh saor iad, bhí an bheirt acu beagnach reoite.

By the time they were dragged free, both were near frozen.

Thóg na fir tine go tapaidh chun Buck agus Dave a choinneáil beo.

The men built a fire quickly to keep Buck and Dave alive.

Bhí na madraí clúdaithe le hoighear ón srón go dtí an t-eireaball, chomh righin le adhmad snoite.

The dogs were coated in ice from nose to tail, stiff as carved wood.

Rith na fir iad i gciorcail in aice leis an tine chun a gcorp a leá.

The men ran them in circles near the fire to thaw their bodies.

Tháinig siad chomh gar do na lasracha gur dódh a bhfionnadh.

They came so close to the flames that their fur was singed.

Bhris Spitz tríd an oighear ina dhiaidh sin, ag tarraingt an fhoireann isteach ina dhiaidh.

Spitz broke through the ice next, dragging in the team behind him.

Shroich an briseadh an bealach ar fad suas go dtí an áit a raibh Buck ag tarraingt.

The break reached all the way up to where Buck was pulling.

Lean Buck siar go crua, a lapaí ag sleamhnú agus ag crith ar an imeall.

Buck leaned back hard, paws slipping and trembling on the edge.

Shín Dave siar freisin, díreach taobh thiar de Buck ar an líne.

Dave also strained backward, just behind Buck on the line.

Tharraing François an sled ar aghaidh, a matáin ag scoilteadh le hiarracht.

François hauled on the sled, his muscles cracking with effort.

Uair eile, scoilt oighear imeall os comhair agus taobh thiar den sled.

Another time, rim ice cracked before and behind the sled.

Ní raibh aon bhealach amach acu ach balla aille reoite a dhreapadh.

They had no way out except to climb a frozen cliff wall.

Dhreap Perrault an balla ar bhealach éigin; choinnigh míorúilt beo é.

Perrault somehow climbed the wall; a miracle kept him alive.

D'fhan François thíos, ag guí ar son an ádh chéanna.

François stayed below, praying for the same kind of luck.

Cheangail siad gach strap, ceangal, agus rian i rópa fada amháin.

They tied every strap, lashing, and trace into one long rope.

Tharraing na fir gach madra suas, ceann ar cheann go dtí an barr.

The men hauled each dog up, one at a time to the top.

Dhreap François sa deireadh, i ndiaidh an sled agus an ualaigh ar fad.

François climbed last, after the sled and the entire load.

Ansin thosaigh cuardach fada ar chosán síos ó na haillte.

Then began a long search for a path down from the cliffs.

Tháinig siad anuas sa deireadh ag baint úsáide as an rópa céanna a rinne siad.

They finally descended using the same rope they had made.

Thit an oíche agus iad ag filleadh ar ghrinneall na habhann, tuirseach agus tinn.

Night fell as they returned to the riverbed, exhausted and sore.

Ní raibh ach ceathrú míle tógtha acu le lá iomlán a chlúdach.

They had taken a full day to cover only a quarter of a mile.

Faoin am a shroich siad an Hootalinqua, bhí Buck tuirseach.

By the time they reached the Hootalinqua, Buck was worn out.

D'fhulaing na madraí eile chomh dona céanna de bharr na ndálaí ar an gcosán.

The other dogs suffered just as badly from the trail conditions.

Ach bhí ar Perrault am a ghnóthú, agus chuir sé brú orthu dul ar aghaidh gach lá.

But Perrault needed to recover time, and pushed them on each day.

An chéad lá thaistil siad tríocha míle go Big Salmon.

The first day they traveled thirty miles to Big Salmon.

An lá dár gcionn thaistil siad tríocha cúig mhíle go Little Salmon.

The next day they travelled thirty-five miles to Little Salmon.

Ar an tríú lá, bhrúigh siad trí daichead míle fada reoite.

On the third day they pushed through forty long frozen miles.

Faoin am sin, bhí siad ag druidim le lonnaíocht Cúig Mhéar.

By then, they were nearing the settlement of Five Fingers.

Bhí cosa Buck níos boige ná cosa crua na huskies dúchasacha.

Buck's feet were softer than the hard feet of native huskies.

Bhí a lapaí ag fás tairisceana le go leor glúnta sibhialta.

His paws had grown tender over many civilized generations.

Fadó, bhí a shinsear ceansaithe ag fir abhann nó ag sealgairí.

Long ago, his ancestors had been tamed by river men or hunters.

Gach lá bhíodh Buck ag bacach leis an bpian, ag siúl ar lapaí amha, piantacha.

Every day Buck limped in pain, walking on raw, aching paws.

Sa champa, thit Buck cosúil le cruth gan bheatha ar an sneachta.

At camp, Buck dropped like a lifeless form upon the snow.

Cé go raibh ocras air, níor éirigh Buck chun a bhéile tráthnóna a ithe.

Though starving, Buck did not rise to eat his evening meal.

Thug François a bhia do Buck, agus é ag leagan iasc le smig a shrón.

François brought Buck his ration, laying fish by his muzzle.

Gach oíche chuimil an tiománaí cosa Buck ar feadh leathuaire.

Each night the driver rubbed Buck's feet for half an hour.

Ghearr François a chuid moccasins féin fiú chun coisbheart madraí a dhéanamh.

François even cut up his own moccasins to make dog footwear.

Thug ceithre bhróg the faoiseamh mór agus fáilteach do Buck.

Four warm shoes gave Buck a great and welcome relief.

Maidin amháin, d'éirigh François as na bróga, agus dhiúltaigh Buck éirí.

One morning, François forgot the shoes, and Buck refused to rise.

Luigh Buck ar a dhroim, a chosa san aer, ag croitheadh á gcorp go trua.

Buck lay on his back, feet in the air, waving them pitifully.

Rinne Perrault féin gáire nuair a chonaic sé achainí dhrámatúil Buck.

Even Perrault grinned at the sight of Buck's dramatic plea.

Go gairid ina dhiaidh sin chruigh cosa Buck, agus d'fhéadfaí na bróga a chaitheamh amach.

Soon Buck's feet grew hard, and the shoes could be discarded.

Ag Pelly, le linn am an úim a úsáid, lig Dolly uafásach amach.

At Pelly, during harness time, Dolly let out a dreadful howl.

Bhí an caoineadh fada agus lán de mire, ag croitheadh gach madra.

The cry was long and filled with madness, shaking every dog.

Bhí eagla ar gach madra gan a fhios acu cén fáth.

Each dog bristled in fear without knowing the reason.

Bhí Dolly imithe ar mire agus chaith sí í féin díreach ar Buck.

Dolly had gone mad and hurled herself straight at Buck.

Ní fhaca Buck buile riamh, ach líon uafás a chroí.

Buck had never seen madness, but horror filled his heart.

Gan aon smaoineamh, chas sé agus theith sé i scaoll uafásach.

With no thought, he turned and fled in absolute panic.

Lean Dolly é, a súile fiáine, seile ag eitilt óna gialla.

Dolly chased him, her eyes wild, saliva flying from her jaws.

D'fhan sí díreach taobh thiar de Buck, gan dul chun cinn riamh agus gan titim ar gcúl riamh.

She kept right behind Buck, never gaining and never falling back.

Rith Buck trí choillte, síos an t-oileán, trasna oighir gharbh.

Buck ran through woods, down the island, across jagged ice.

Thrasnaigh sé go dtí oileán, ansin ceann eile, ag ciorcalú ar ais go dtí an abhainn.

He crossed to an island, then another, circling back to the river.

Lean Dolly é fós, a grágán gar ina diaidh ag gach céim.

Still Dolly chased him, her growl close behind at every step.

D'fhéadfadh Buck a hanáil agus a fearg a chloisteáil, cé nár leomh sé breathnú siar.

Buck could hear her breath and rage, though he dared not look back.

Ghlaodh François ó chian, agus chas Buck i dtreo an ghlór.

François shouted from afar, and Buck turned toward the voice.

Agus anáil á tarraingt aige fós, rith Buck thart, ag cur a dhóchais go léir i François.

Still gasping for air, Buck ran past, placing all hope in François.

Thóg an tiománaí madra tua agus d'fhan sé agus Buck ag eitilt thart.

The dog-driver raised an axe and waited as Buck flew past.

Tháinig an tua anuas go gasta agus bhuail sé ceann Dolly le fórsa marfach.

The axe came down fast and struck Dolly's head with deadly force.

Thit Buck i laige in aice leis an sled, ag análú go síochánta agus gan a bheith in ann bogadh.

Buck collapsed near the sled, wheezing and unable to move.

Thug an nóiméad sin deis do Spitz namhaid tuirseach a bhualadh.

That moment gave Spitz his chance to strike an exhausted foe.

Ghreim sé Buck faoi dhó, ag stróiceadh feola síos go dtí an cnámh bán.

Twice he bit Buck, ripping flesh down to the white bone.

Phléasc fuip François, ag bualadh Spitz le neart lánfhíochmhar.

François's whip cracked, striking Spitz with full, furious force.

D'fhéach Buck le lúcháir agus Spitz á bhualadh is géire go dtí seo.

Buck watched with joy as Spitz received his harshest beating yet.

"Is diabhal é, an Spitz sin," a d'fhreagair Perrault go dorcha leis féin.

"He's a devil, that Spitz," Perrault muttered darkly to himself.

"Lá éigin go luath, maróidh an madra mallaithe sin Buck— mionnaim é."

"Someday soon, that cursed dog will kill Buck—I swear it."

"Tá dhá dheamhan ionam sa Buck sin," fhreagair François agus é ag sméideadh a chinn.

"That Buck has two devils in him," François replied with a nod.

"Nuair a fhéachaim ar Buck, tá a fhios agam go bhfuil rud éigin fíochmhar ag fanacht ann."

"When I watch Buck, I know something fierce waits in him."

"Lá éigin, rachaidh sé ar mire mar thine agus réabfaidh sé Spitz ina phíosaí."

"One day, he'll get mad as fire and tear Spitz to pieces."

"Cognóidh sé an madra sin suas agus seilefaidh sé ar an sneachta reoite é."

"He'll chew that dog up and spit him on the frozen snow."

"Cinnte mar aon rud eile, tá a fhios agam é seo i ndoimhneacht mo chnámha."

"Sure as anything, I know this deep in my bones."

Ón nóiméad sin ar aghaidh, bhí an dá mhadra i ngleic le chéile.

From that moment forward, the two dogs were locked in war.

Bhí Spitz i gceannas ar an bhfoireann agus bhí an chumhacht aige, ach chuir Buck dúshlán air sin.

Spitz led the team and held power, but Buck challenged that.

Chonaic Spitz a chéim faoi bhagairt ag an strainséir aisteach seo ó Dheisceart Shasana.

Spitz saw his rank threatened by this odd Southland stranger.

Bhí Buck difriúil ó aon mhadra deisceartach a raibh aithne ag Spitz air roimhe.

Buck was unlike any southern dog Spitz had known before.

Theip ar an gcuid is mó díobh—ró-lag le maireachtáil tríd an bhfuacht agus an ocras.

Most of them failed—too weak to live through cold and hunger.

Fuair siad bás go gasta faoi shaothar, sioc, agus dó mall an ghorta.

They died fast under labor, frost, and the slow burn of famine.

Sheas Buck ar leithligh—níos láidre, níos cliste, agus níos fiáine gach lá.

Buck stood apart—stronger, smarter, and more savage each day.

D'éirigh go han-mhaith leis ar an gcruachás, ag fás chun bheith inchomparáide leis na huskies thuaidh.

He thrived on hardship, growing to match the northern huskies.

Bhí neart, scileanna fiáine, agus claonadh foighneach, marfach ag Buck.

Buck had strength, wild skill, and a patient, deadly instinct.

Bhí an fear leis an chlub tar éis an mearbhall a bhaint as Buck.

The man with the club had beaten rashness out of Buck.

Bhí an fhearg dall imithe, agus ina háit tháinig seiftiúlacht chiúin agus smacht.

Blind fury was gone, replaced by quiet cunning and control.

D'fhan sé, socair agus príomhúil, ag faire amach don nóiméad ceart.

He waited, calm and primal, watching for the right moment.

Bhí a streachailt ar son ceannais dosheachanta agus soiléir.

Their fight for command became unavoidable and clear.

Bhí ceannaireacht uaidh ag Buck mar bhí a spiorad ag iarraidh í.

Buck desired leadership because his spirit demanded it.

Bhí sé á thiomáint ag an uaill aisteach a rugadh as an gcosán agus as an úim.

He was driven by the strange pride born of trail and harness.

Chuir an bród sin madraí ag tarraingt go dtí gur thit siad ar an sneachta.

That pride made dogs pull till they collapsed on the snow.

Mheall an bród iad chun an neart go léir a bhí acu a thabhairt.

Pride lured them into giving all the strength they had.

Is féidir le bród madra sled a mhealladh fiú go dtí an bás.

Pride can lure a sled-dog even to the point of death.

D'fhág an úim caillte na madraí briste agus gan chuspóir.

Losing the harness left dogs broken and without purpose.

Is féidir le náire croí madra sled a bhrú le chéile nuair a théann siad ar scor.

The heart of a sled-dog can be crushed by shame when they retire.

Mhair Dave leis an mbród sin agus é ag tarraingt an sled ón gcúl.

Dave lived by that pride as he dragged the sled from behind.

Thug Solleks a dhícheall freisin le neart agus le dílseacht ghránna.

Solleks, too, gave his all with grim strength and loyalty.

Gach maidin, d'iompaigh an bród ó shearbhas go diongbháilte iad.

Each morning, pride turned them from bitter to determined.

Bhrúigh siad an lá ar fad, ansin thit siad ina dtost ag ceann an champa.

They pushed all day, then dropped silent at the camp's end.

Thug an bród sin an neart do Spitz dul i ngleic leis na daoine a bhí ag iarraidh dul isteach sa líne.

That pride gave Spitz the strength to beat shirkers into line.

Eagla ar Spitz roimh Buck mar bhí an bród céanna sin ag Buck.

Spitz feared Buck because Buck carried that same deep pride.

Chorraigh bród Buck i gcoinne Spitz anois, agus níor stad sé.

Buck's pride now stirred against Spitz, and he did not stop.

Sháraigh Buck cumhacht Spitz agus chuir sé bac air madraí a phionósú.

Buck defied Spitz's power and blocked him from punishing dogs.

Nuair a theip ar dhaoine eile, sheas Buck eatarthu féin agus a gceannaire.

When others failed, Buck stepped between them and their leader.

Rinne sé é seo le hintinn, ag déanamh a dhúshlán oscailte agus soiléir.

He did this with intent, making his challenge open and clear.

Oíche amháin, bhí tost domhain i gclúdach sneachta trom ar fud an domhain.

On one night heavy snow blanketed the world in deep silence.

An mhaidin dár gcionn, níor éirigh Pike, leisciúil mar a bhí riamh, chun oibre.

The next morning, Pike, lazy as ever, did not rise for work.

D'fhan sé i bhfolach ina nead faoi shraith thiubh sneachta.

He stayed hidden in his nest beneath a thick layer of snow.

Ghlaoigh François amach agus chuardaigh sé, ach ní raibh sé in ann an madra a fháil.

François called out and searched, but could not find the dog.

Chuaigh Spitz i bhfeirg agus rith sé tríd an gcampa a bhí clúdaithe le sneachta.

Spitz grew furious and stormed through the snow-covered camp.

Lig sé dranntán agus boladh air, ag tochailt go heasurramach le súile lasracha.

He growled and sniffed, digging madly with blazing eyes.

Bhí a fhearg chomh dian sin gur chrith Pike faoin sneachta le heagla.

His rage was so fierce that Pike shook under the snow in fear.

Nuair a thángthas ar Pike faoi dheireadh, léim Spitz chun pionós a ghearradh ar an madra a bhí i bhfolach.

When Pike was finally found, Spitz lunged to punish the hiding dog.

Ach léim Buck eatarthu le fearg chomh mór le fearg Spitz féin.

But Buck sprang between them with a fury equal to Spitz's own.

Bhí an t-ionsaí chomh tobann agus chomh cliste sin gur thit Spitz dá chosa.

The attack was so sudden and clever that Spitz fell off his feet.

Ghlac Pike, a bhí ag crith, misneach ón dúshlán seo.

Pike, who had been shaking, took courage from this defiance.

Léim sé ar an Spitz tite, ag leanúint shampla dána Buck.

He leapt on the fallen Spitz, following Buck's bold example.

Chuaigh Buck, gan a bheith faoi cheangal ag an gcothrom a thuilleadh, isteach sa stailc ar Spitz.

Buck, no longer bound by fairness, joined the strike on Spitz.

Lig François, a raibh greann air ach a bhí daingean ina smacht, a bhuille trom a luascadh.

François, amused yet firm in discipline, swung his heavy lash.

Bhuail sé Buck le gach a neart chun an troid a bhriseadh suas.

He struck Buck with all his strength to break up the fight.

Dhiúltaigh Buck bogadh agus d'fhan sé ar bharr an cheannaire tite.

Buck refused to move and stayed atop the fallen leader.

Ansin d'úsáid François láimhseáil an fhuip, ag bualadh Buck go crua.

François then used the whip's handle, hitting Buck hard.

Ag stadadh ón mbuille, thit Buck siar faoin ionsaí.

Staggering from the blow, Buck fell back under the assault.

Bhuail François arís agus arís eile agus Spitz ag pionósú Pike.

François struck again and again while Spitz punished Pike.

Chuaigh na laethanta thart, agus d'éirigh Cathair Dawson níos gaire agus níos gaire.
Days passed, and Dawson City grew nearer and nearer.
Lean Buck ag cur isteach air féin, ag sleamhnú idir Spitz agus madraí eile.
Buck kept interfering, slipping between Spitz and other dogs.
Roghnaigh sé a chuid chuimhneacháin go cúramach, ag fanacht i gcónaí le himeacht François.
He chose his moments well, always waiting for François to leave.
Scaip éirí amach ciúin Buck, agus ghlac anord fréamhacha sa fhoireann.
Buck's quiet rebellion spread, and disorder took root in the team.
D'fhan Dave agus Solleks dílis, ach d'éirigh daoine eile mí-rialaithe.
Dave and Solleks stayed loyal, but others grew unruly.
D'éirigh an fhoireann níos measa—míshuaimhneach, círéibeach, agus as líne.
The team grew worse—restless, quarrelsome, and out of line.
Ní raibh aon rud ag obair go réidh a thuilleadh, agus bhí troideanna coitianta.
Nothing worked smoothly anymore, and fights became common.
D'fhan Buck i gcroílár na trioblóide, ag spreagadh míshuaimhneais i gcónaí.
Buck stayed at the heart of the trouble, always provoking unrest.
D'fhan François airdeallach, agus eagla air roimh an troid idir Buck agus Spitz.
François stayed alert, afraid of the fight between Buck and Spitz.
Gach oíche, dhúisíodh círéibeacha é, agus eagla air go raibh an tús tagtha faoi dheireadh.

Each night, scuffles woke him, fearing the beginning finally arrived.

Léim sé as a róba, réidh le deireadh a chur leis an troid.

He leapt from his robe, ready to break up the fight.

Ach níor tháinig an nóiméad riamh, agus shroich siad Dawson faoi dheireadh.

But the moment never came, and they reached Dawson at last.

Chuaigh an fhoireann isteach sa bhaile tráthnóna gruama amháin, teann agus ciúin.

The team entered the town one bleak afternoon, tense and quiet.

Bhí an cath mór ar son ceannaireachta fós crochta san aer reoite.

The great battle for leadership still hung in the frozen air.

Bhí Dawson lán d'fhir agus de mhadraí sled, iad uile gnóthach le hobair.

Dawson was full of men and sled-dogs, all busy with work.

D'fhéach Buck ar na madraí ag tarraingt ualaí ó mhaidin go hoíche.

Buck watched the dogs pull loads from morning until night.

D'iompair siad logaí agus connadh, agus d'iompair siad soláthairtí chuig na mianaigh.

They hauled logs and firewood, freighted supplies to the mines.

San áit a mbíodh capaill ag obair tráth i Southland, bíonn madraí ag obair anois.

Where horses once worked in the Southland, dogs now labored.

Chonaic Buck roinnt madraí ón Deisceart, ach ba mhadraí huscacha cosúil le mac tíre iad an chuid is mó díobh.

Buck saw some dogs from the South, but most were wolf-like huskies.

San oíche, cosúil le cloig oibre, ardaigh na madraí a nglórtha in amhrán.

At night, like clockwork, the dogs raised their voices in song.

Ag a naoi, ag meán oíche, agus arís ag a trí, thosaigh an amhránaíocht.

At nine, at midnight, and again at three, the singing began.

Bhain Buck an-taitneamh as a bheith ag páirt a ghlacadh ina gcantar scanrúil, fiáin agus ársa ina fhuaim.

Buck loved joining their eerie chant, wild and ancient in sound.

Las an aurora, damhsaigh na réaltaí, agus chlúdaigh sneachta an talamh.

The aurora flamed, stars danced, and snow blanketed the land.

D'éirigh amhrán na madraí mar ghlao in aghaidh an chiúin agus an fhuachta ghéar.

The dogs' song rose as a cry against silence and bitter cold.

Ach bhí brón, ní dúshlán, i ngach nóta fada ina n-uaill.

But their howl held sorrow, not defiance, in every long note.

Bhí gach caoineadh lán d'achainí; ualach na beatha féin.

Each wailing cry was full of pleading; the burden of life itself.

Bhí an t-amhrán sin sean—níos sine ná bailte, agus níos sine ná tinte

That song was old—older than towns, and older than fires

Bhí an t-amhrán sin níos sine fiú ná guthanna na bhfear.

That song was more ancient even than the voices of men.

Amhrán ón saol óg a bhí ann, nuair a bhí gach amhrán brónach.

It was a song from the young world, when all songs were sad.

Thug an t-amhrán brón ó ghlúnta gan áireamh madraí.

The song carried sorrow from countless generations of dogs.

Bhraith Buck an fonn go domhain, ag caoineadh ó phian a bhí fréamhaithe sna haoiseanna.

Buck felt the melody deeply, moaning from pain rooted in the ages.

Lig sé gol le brón chomh sean leis an bhfuil fhiáin ina féitheacha.

He sobbed from a grief as old as the wild blood in his veins.

Bhain an fuacht, an dorchadas agus an rúndiamhair le hanam Buck.

The cold, the dark, and the mystery touched Buck's soul.

Chruthaigh an t-amhrán sin cé chomh fada agus a bhí Buck tar éis filleadh ar a bhunús.

That song proved how far Buck had returned to his origins.

Trí shneachta agus uafás bhí tús a shaoil féin aimsithe aige.

Through snow and howling he had found the start of his own life.

Seacht lá tar éis dóibh teacht i nDawson, d'imigh siad arís.

Seven days after arriving in Dawson, they set off once again.

Thit an fhoireann ó na Beairicí síos go dtí an Yukon Trail.

The team dropped from the Barracks down to the Yukon Trail.

Thosaigh siad ar an turas ar ais i dtreo Dyea agus Uisce Salainn.

They began the journey back toward Dyea and Salt Water.

Bhí teachtaireachtaí níos práinní fós ná riamh á n-iompar ag Perrault.

Perrault carried dispatches even more urgent than before.

Ghabh bród na conaire greim air freisin agus bhí sé mar aidhm aige taifead a shocrú.

He was also seized by trail pride and aimed to set a record.

An uair seo, bhí roinnt buntáistí ar thaobh Perrault.

This time, several advantages were on Perrault's side.

Bhí na madraí tar éis scíth a ligean ar feadh seachtaine iomláine agus a neart faighte acu ar ais.

The dogs had rested for a full week and regained their strength.

Bhí an rian a bhris siad pacáilte go crua anois ag daoine eile.

The trail they had broken was now hard-packed by others.

In áiteanna áirithe, bhí bia stóráilte ag na póilíní do mhadraí agus d'fhir araon.

In places, police had stored food for dogs and men alike.

Thaistil Perrault go héadrom, ag bogadh go gasta agus gan mórán meáchain air.

Perrault traveled light, moving fast with little to weigh him down.

Shroich siad Sixty-Mile, rith caoga míle, faoin gcéad oíche.

They reached Sixty-Mile, a fifty-mile run, by the first night.

Ar an dara lá, rith siad suas an Yukon i dtreo Pelly.

On the second day, they rushed up the Yukon toward Pelly.

Ach bhí strus mór ag baint leis an dul chun cinn chomh maith sin do François.

But such fine progress came with much strain for François.

Bhí smacht ar an bhfoireann scriosta ag éirí amach ciúin Buck.

Buck's quiet rebellion had shattered the team's discipline.

Ní raibh siad ag tarraingt le chéile a thuilleadh mar aon beithíoch amháin sna sreanga.

They no longer pulled together like one beast in the reins.

Bhí Buck tar éis daoine eile a threorú chun dúshlán a thabhairt trína shampla dána.

Buck had led others into defiance through his bold example.

Ní raibh eagla ná meas le feiceáil a thuilleadh roimh ordú Spitz.

Spitz's command was no longer met with fear or respect.

Chaill na daoine eile a n-uafás dó agus leomh siad cur i gcoinne a riail.

The others lost their awe of him and dared to resist his rule.

Oíche amháin, ghoid Pike leath éisc agus d'ith sé é faoi shúil Buck.

One night, Pike stole half a fish and ate it under Buck's eye.

Oíche eile, throid Dub agus Joe le Spitz agus níor cuireadh pionós orthu.

Another night, Dub and Joe fought Spitz and went unpunished.

Ní raibh Billee chomh binn agus léirigh sé géire nua.

Even Billee whined less sweetly and showed new sharpness.

Bhíodh Buck ag drannadh le Spitz gach uair a thrasnaíodar a gcosáin.

Buck snarled at Spitz every time they crossed paths.

D'éirigh dearcadh Buck dána agus bagrach, beagnach cosúil le bulaí.

Buck's attitude grew bold and threatening, nearly like a bully.

Shiúil sé siar agus siar roimh Spitz le braistint, lán de bhagairt magúil.

He paced before Spitz with a swagger, full of mocking menace.

Scaip an tubaiste sin ar ord i measc na madraí sled freisin.

That collapse of order also spread among the sled-dogs.

Throid agus argóint a rinne siad níos mó ná riamh, ag líonadh an champa le torann.

They fought and argued more than ever, filling camp with noise.

D'iompaigh an saol sa champa ina chaos fiáin, uafásach gach oíche.

Camp life turned into a wild, howling chaos each night.

Níor fhan ach Dave agus Solleks socair agus dírithe.

Only Dave and Solleks remained steady and focused.

Ach fiú iadsan a tháinig fearg mhór orthu mar gheall ar na troideanna leanúnacha.

But even they became short-tempered from the constant brawls.

Mhallaigh François i dteangacha aisteacha agus bhrúigh sé leis an tslat i frustrachas.

François cursed in strange tongues and stomped in frustration.

Strac sé a chuid gruaige agus scairt sé agus sneachta ag eitilt faoi a chosa.

He tore at his hair and shouted while snow flew underfoot.

Phléasc a fhuip trasna an phacáiste ach is ar éigean a choinnigh sé i líne iad.

His whip snapped across the pack but barely kept them in line.

Aon uair a chasfaí a dhroim leis, phléasc an troid amach arís.

Whenever his back was turned, the fighting broke out again.

Bhain François úsáid as an ngiolc do Spitz, agus Buck i gceannas ar na reibiliúnaigh.

François used the lash for Spitz, while Buck led the rebels.

Bhí a fhios ag gach duine ról an duine eile, ach sheachain Buck aon locht.

Each knew the other's role, but Buck avoided any blame.

Níor rug François riamh ar Buck ag tosú troda ná ag seachaint a phoist.

François never caught Buck starting a fight or shirking his job.

D'oibrigh Buck go dian faoi úim—bhí an saothar ag spreagadh a spioraid anois.

Buck worked hard in harness—the toil now thrilled his spirit.

Ach fuair sé níos mó áthais fós ag spreagadh troideanna agus círéibeacha sa champa.

But he found even more joy in stirring fights and chaos in camp.

Oíche amháin ag béal na Tahkeena, chuir Dub geit ar choinín.

At the Tahkeena's mouth one evening, Dub startled a rabbit.

Chaill sé an ghabháil, agus léim an coinín sneachta leis.

He missed the catch, and the snowshoe rabbit sprang away.

I soicindí, thug an fhoireann sled ar fad ruaig orthu le béicíl fhiáine.

In seconds, the entire sled team gave chase with wild cries.

In aice láimhe, bhí campa de chuid Phóilíní an Iarthuaiscirt ina raibh caoga madra husky.

Nearby, a Northwest Police camp housed fifty husky dogs.

Chuaigh siad isteach sa seilg, ag borradh síos an abhainn reoite le chéile.

They joined the hunt, surging down the frozen river together.

Chas an coinín den abhainn, ag teitheadh suas leaba shrutháin reoite.

The rabbit turned off the river, fleeing up a frozen creek bed.

Léim an coinín go héadrom thar an sneachta agus na madraí ag streachailt tríd.

The rabbit skipped lightly over snow while the dogs struggled through.

Threoraigh Buck an grúpa ollmhór seasca madra timpeall gach lúbtha.

Buck led the massive pack of sixty dogs around each twisting bend.

Bhrúigh sé ar aghaidh, íseal agus fonnmhar, ach níorbh fhéidir leis talamh a fháil.

He pushed forward, low and eager, but could not gain ground.

Lonraigh a chorp faoin ngealach bhán le gach léim chumhachtach.

His body flashed under the pale moon with each powerful leap.

Chun tosaigh, bhog an coinín cosúil le taibhse, ciúin agus ró-thapa le gabháil.

Ahead, the rabbit moved like a ghost, silent and too fast to catch.

Rith na sean-instincts sin go léir—an t-ocras, an sceitimíní— trí Buck.

All those old instincts—the hunger, the thrill—rushed through Buck.

Mothaíonn daoine an instinct seo uaireanta, tiomáinte chun fiach le gunna agus piléar.

Humans feel this instinct at times, driven to hunt with gun and bullet.

Ach bhraith Buck an mothúchán seo ar leibhéal níos doimhne agus níos pearsanta.

But Buck felt this feeling on a deeper and more personal level.

Ní raibh siad in ann an fiántas a mhothú ina gcuid fola ar an mbealach a mhothaigh Buck é.

They could not feel the wild in their blood the way Buck could feel it.

Ruaig sé feoil bheo, réidh le marú lena chuid fiacla agus blas fola a fháil.

He chased living meat, ready to kill with his teeth and taste blood.

Bhí a chorp ag teannadh le lúcháir, ag iarraidh folcadh i saol te dearg.

His body strained with joy, wanting to bathe in warm red life.

Is áthas aisteach an pointe is airde a shroicheann an saol riamh.

A strange joy marks the highest point life can ever reach.

An mothú buaicphointe ina ndéanann na beo dearmad go bhfuil siad beo fiú.

The feeling of a peak where the living forget they are even alive.

Baineann an lúcháir dhomhain seo leis an ealaíontóir atá caillte i nglór inspioráide.

This deep joy touches the artist lost in blazing inspiration.

Gabhann an lúcháir seo an saighdiúir a throidann go fiáin agus nach spárálann aon namhaid.

This joy seizes the soldier who fights wildly and spares no foe.

D'éiligh an lúcháir seo Buck anois agus é i gceannas ar an bpacáiste in ocras príomhúil.

This joy now claimed Buck as he led the pack in primal hunger.

Lig sé uaill leis an nglao seanchaite mac tíre, ar bís leis an tóraíocht bheo.

He howled with the ancient wolf-cry, thrilled by the living chase.

Bhain Buck leas as an gcuid is sine de féin, caillte sa fiántas.

Buck tapped into the oldest part of himself, lost in the wild.

Shroich sé isteach go domhain ann féin, i gcuimhne an ama atá thart, isteach san am lom, ársa.

He reached deep within, past memory, into raw, ancient time.

Shreabh tonn de bheatha íon trí gach matán agus teannán.

A wave of pure life surged through every muscle and tendon.

Ghlaodh gach léim go raibh sé beo, go raibh sé ag bogadh tríd an mbás.

Each leap shouted that he lived, that he moved through death.

D'eitil a chorp go lúcháireach thar thalamh fuar, ciúin nár chorraigh riamh.

His body soared joyfully over still, cold land that never stirred.

D'fhan Spitz fuar agus seiftiúil, fiú ina chuid chuimhneacháin is fiáine.

Spitz stayed cold and cunning, even in his wildest moments.

D'fhág sé an cosán agus thrasnaigh sé talamh áit a raibh an sruthán ag lúbadh go leathan.

He left the trail and crossed land where the creek curved wide.

Gan a fhios aige seo, d'fhan Buck ar chosán casta an choinín.

Buck, unaware of this, stayed on the rabbit's winding path.

Ansin, agus Buck ag casadh timpeall, bhí an coinín cosúil le taibhse os a chomhair.

Then, as Buck rounded a bend, the ghost-like rabbit was before him.

Chonaic sé an dara figiúr ag léim ón mbruach roimh an gcreach.

He saw a second figure leap from the bank ahead of the prey.

Ba é Spitz an figiúr, ag tuirlingt díreach i gcosán an choinín a bhí ag teitheadh.

The figure was Spitz, landing right in the path of the fleeing rabbit.

Ní raibh an coinín in ann casadh agus bhuail sé gialla Spitz i lár an aeir.

The rabbit could not turn and met Spitz's jaws in mid-air.

Bhris droim an choinín le scread chomh géar le béic duine atá ag fáil bháis.

The rabbit's spine broke with a shriek as sharp as a dying human's cry.

Ag an bhfuaim sin—an titim ón saol go dtí an bás—labhair an pack go hard.

At that sound—the fall from life to death—the pack howled loud.

D'éirigh cór fiáin ó chúl Buck, lán le lúcháir dhorcha.

A savage chorus rose from behind Buck, full of dark delight.

Níor scread Buck, níor thug sé fuaim ar bith, agus rith sé díreach isteach i Spitz.

Buck gave no cry, no sound, and charged straight into Spitz.

Dhírigh sé ar an scornach, ach bhuail sé an ghualainn ina ionad.

He aimed for the throat, but struck the shoulder instead.

Thit siad tríd an sneachta bog; a gcorp i ngleic le cath.

They tumbled through soft snow; their bodies locked in combat.

Léim Spitz aníos go tapaidh, amhail is nár leagadh síos riamh é.

Spitz sprang up quickly, as if never knocked down at all.

Sháraigh sé gualainn Buck, ansin léim sé amach as an troid.

He slashed Buck's shoulder, then leaped clear of the fight.

Bhris a chuid fiacla faoi dhó cosúil le gaistí cruach, a liopaí casta agus fíochmhar.

Twice his teeth snapped like steel traps, lips curled and fierce.

Chuaigh sé siar go mall, ag lorg talamh daingean faoina chosa.

He backed away slowly, seeking firm ground under his feet.

Thuig Buck an nóiméad láithreach agus go hiomlán.

Buck understood the moment instantly and fully.

Bhí an t-am tagtha; bheadh an troid ina troid chun báis.

The time had come; the fight was going to be a fight to the death.

Shiúil an dá mhadra i gciorcal, ag drannadh, cluasa cothroma, súile caolaithe.

The two dogs circled, growling, ears flat, eyes narrowed.

D'fhan gach madra go léireodh an madra eile laige nó botún.

Each dog waited for the other to show weakness or misstep.

Do Buck, bhraith an radharc go raibh sé aitheanta agus cuimhneach air go domhain.

To Buck, the scene felt eerily known and deeply remembered.

Na coillte bána, an talamh fuar, an cath faoi ghealach.

The white woods, the cold earth, the battle under moonlight.

Líon tost trom an tír, domhain agus mínádúrtha.

A heavy silence filled the land, deep and unnatural.

Níor chorraigh an ghaoth, níor bhog duilleog, níor bhris aon fhuaim an tost.

No wind stirred, no leaf moved, no sound broke the stillness.

D'ardaigh análacha na madraí cosúil le deatach san aer reoite, ciúin.

The dogs' breaths rose like smoke in the frozen, quiet air.

Bhí an coinín dearmadta le fada ag an ngrúpa beithígh fhiáine.

The rabbit was long forgotten by the pack of wild beasts.

Sheas na mac tíre leath-cheansaithe seo go socair i gciorcal leathan anois.

These half-tamed wolves now stood still in a wide circle.

Bhí siad ciúin, níor léirigh ach a súile lonracha a n-ocras.

They were quiet, only their glowing eyes revealed their hunger.

Dhreap a n-anáil suas, ag breathnú ar an troid dheireanach ag tosú.

Their breath drifted upward, watching the final fight begin.

Do Buck, bhí an cath seo sean agus ionchasach, ní rud aisteach ar chor ar bith.

To Buck, this battle was old and expected, not strange at all.

Bhraith sé cosúil le cuimhne ar rud éigin a bhí le tarlú i gcónaí.

It felt like a memory of something always meant to happen.

Madra troda oilte ab ea Spitz, a raibh go leor troideanna fiáine aige.

Spitz was a trained fighting dog, honed by countless wild brawls.

Ó Spitzbergen go Ceanada, bhí máistreacht aige ar go leor naimhde.

From Spitzbergen to Canada, he had mastered many foes.

Bhí sé lán le fearg, ach níor thug sé smacht riamh ar an fhearg.

He was filled with fury, but never gave control to rage.

Bhí a phaisean géar, ach i gcónaí maolaithe ag instinct crua.

His passion was sharp, but always tempered by hard instinct.

Níor ionsaigh sé riamh go dtí go raibh a chosaint féin i bhfeidhm.

He never attacked until his own defense was in place.

Rinne Buck iarracht arís agus arís eile teacht ar mhuineál leochaileach Spitz.

Buck tried again and again to reach Spitz's vulnerable neck.

Ach bhuail fiacla géara Spitz gach buille.

But every strike was met by a slash from Spitz's sharp teeth.

Bhuail a gcuid crúba le chéile, agus bhí an dá mhadra ag sileadh fola ó liopaí stróicthe.

Their fangs clashed, and both dogs bled from torn lips.

Is cuma cé chomh fada agus a léim Buck, ní fhéadfadh sé an chosaint a bhriseadh.

No matter how Buck lunged, he couldn't break the defense.

D'éirigh sé níos feargaí, ag rith isteach le pléascanna fiáine cumhachta.

He grew more furious, rushing in with wild bursts of power.

Arís agus arís eile, bhuail Buck le haghaidh scornach bhán Spitz.

Again and again, Buck struck for the white throat of Spitz.

Gach uair a sheachain Spitz agus bhuail sé ar ais le greim gearrtha.

Each time Spitz evaded and struck back with a slicing bite.

Ansin d'athraigh Buck a thaicticí, ag rith amhail is dá mba rud é go raibh sé ag iarraidh an scornach a bhaint amach arís.

Then Buck shifted tactics, rushing as if for the throat again.

Ach tharraing sé siar i lár an ionsaí, ag casadh chun bualadh ón taobh.

But he pulled back mid-attack, turning to strike from the side.

Chaith sé a ghualainn i Spitz, agus é mar aidhm aige é a bhualadh síos.

He threw his shoulder into Spitz, aiming to knock him down.

Gach uair a rinne sé iarracht, sheachain Spitz é agus d'fhreagair sé le slas.

Each time he tried, Spitz dodged and countered with a slash.

D'fhás gualainn Buck lom agus Spitz ag léim amach i ndiaidh gach buille.

Buck's shoulder grew raw as Spitz leapt clear after every hit.

Níor baineadh le Spitz, agus Buck ag cur fola ó go leor créachta.

Spitz had not been touched, while Buck bled from many wounds.

Tháinig anáil throm agus thapa Buck, a chorp sleamhain le fuil.

Buck's breath came fast and heavy, his body slick with blood.

D'éirigh an troid níos brúidiúla le gach greim agus ionsaí.

The fight turned more brutal with each bite and charge.

Timpeall orthu, bhí seasca madra ciúine ag fanacht leis an gcéad cheann titim.

Around them, sixty silent dogs waited for the first to fall.

Dá dtitfeadh madra amháin, chríochnódh an próca an troid.

If one dog dropped, the pack were going to finish the fight.

Chonaic Spitz Buck ag lagú, agus thosaigh sé ag cur brú ar an ionsaí.

Spitz saw Buck weakening, and began to press the attack.

Choinnigh sé Buck as cothromaíocht, rud a chuir iallach air troid ar son a chosa.

He kept Buck off balance, forcing him to fight for footing.

Uair amháin, thit Buck agus thit sé, agus d'éirigh na madraí go léir ina seasamh.

Once Buck stumbled and fell, and all the dogs rose up.

Ach cheartaigh Buck é féin i lár an titim, agus chuaigh gach duine ar ais síos.

But Buck righted himself mid-fall, and everyone sank back down.

Bhí rud éigin neamhchoitianta ag Buck—samhlaíocht a rugadh ó instinct dhomhain.

Buck had something rare—imagination born from deep instinct.

Throid sé le tiomáint nádúrtha, ach throid sé le seiftiúlacht freisin.

He fought by natural drive, but he also fought with cunning.

Rinne sé ionsaí arís amhail is dá mba rud é go raibh sé ag déanamh a chleas ionsaithe gualainne arís.

He charged again as if repeating his shoulder attack trick.

Ach ag an nóiméad deireanach, thit sé go híseal agus scuab sé faoi Spitz.

But at the last second, he dropped low and swept beneath Spitz.

Ghlasáil a chuid fiacla ar chos tosaigh chlé Spitz le snap.

His teeth locked on Spitz's front left leg with a snap.

Sheas Spitz go neamhsheasmhach anois, a mheáchan ar thrí chos amháin.

Spitz now stood unsteady, his weight on only three legs.

Bhuail Buck arís, agus rinne sé iarracht trí huaire é a thabhairt anuas.

Buck struck again, tried three times to bring him down.

Ar an gceathrú iarracht d'úsáid sé an ghluaiseacht chéanna le rath.

On the fourth attempt he used the same move with success

An uair seo d'éirigh le Buck greim a fháil ar chos dheas Spitz.

This time Buck managed to bite the right leg of Spitz.

Cé go raibh Spitz bacach agus i bpian mhór, lean sé air ag streachailt le maireachtáil.

Spitz, though crippled and in agony, kept struggling to survive.

Chonaic sé ciorcal na huscí ag teannadh, a dteangacha amach, a súile ag lonrú.

He saw the circle of huskies tighten, tongues out, eyes glowing.

D'fhan siad le go n-íosfaidís é, díreach mar a rinne siad le daoine eile.

They waited to devour him, just as they had done to others.

An uair seo, sheas sé sa lár; buailte agus cinniúint déanta aige.

This time, he stood in the center; defeated and doomed.

Ní raibh aon rogha eile ag an madra bán éalú anois.

There was no option to escape for the white dog now.

Níor léirigh Buck aon trócaire, mar níor cheart trócaire a bheith sa fiántas.

Buck showed no mercy, for mercy did not belong in the wild.

Bhog Buck go cúramach, ag ullmhú don ionsaí deiridh.

Buck moved carefully, setting up for the final charge.

Dhún ciorcal na huscí isteach ann; bhraith sé a n-anáil the.

The circle of huskies closed in; he felt their warm breaths.

Chrom siad síos, réidh le léim nuair a thiocfadh an nóiméad.

They crouched low, prepared to spring when the moment came.

Chrith Spitz sa sneachta, ag drannadh agus ag athrú a sheasamh.

Spitz quivered in the snow, snarling and shifting his stance.

Bhí a shúile ag lonrú, a liopaí casta, a fhiacla ag lonrú i mbagairt éadóchasach.

His eyes glared, lips curled, teeth flashing in desperate threat.

Sheas sé ag stad, fós ag iarraidh greim fuar an bháis a choinneáil siar.

He staggered, still trying to hold off the cold bite of death.

Bhí sé seo feicthe aige cheana, ach i gcónaí ón taobh buacach.

He had seen this before, but always from the winning side.

Anois bhí sé ar an taobh a chaill; an duine buailte; an chreiche; an bás.

Now he was on the losing side; the defeated; the prey; death.

Chuaigh Buck i gciorcal don bhuille deiridh, agus an fáinne madraí ag brú níos gaire dó.

Buck circled for the final blow, the ring of dogs pressed closer.

Bhraith sé a n-análacha te; réidh don mharú.

He could feel their hot breaths; ready for the kill.

Thit ciúnas; bhí gach rud ina áit; bhí an t-am stadtha.

A stillness fell; all was in its place; time had stopped.

Reo fiú an t-aer fuar eatarthu ar feadh nóiméid dheireanaigh.

Even the cold air between them froze for one last moment.

Níor bhog ach Spitz, ag iarraidh a dheireadh searbh a choinneáil siar.

Only Spitz moved, trying to hold off his bitter end.

Bhí ciorcal na madraí ag druidim leis, mar a bhí a chinniúint.

The circle of dogs was closing in around him, as was his destiny.

Bhí éadóchas air anois, agus a fhios aige cad a bhí ar tí tarlú.

He was desperate now, knowing what was about to happen.

Léim Buck isteach, gualainn le gualainn den uair dheireanach.

Buck sprang in, shoulder met shoulder one last time.

Rith na madraí ar aghaidh go gasta, ag clúdach Spitz sa dorchadas sneachta.

The dogs surged forward, covering Spitz in the snowy dark.

D'fhéach Buck, ina sheasamh go hard; an buaiteoir i ndomhan fiáin.

Buck watched, standing tall; the victor in a savage world.

Bhí an beithíoch phríomhúil cheannasach tar éis a marú a dhéanamh, agus bhí sé go maith.

The dominant primordial beast had made its kill, and it was good.

An té a bhuaigh an máistreacht
He, Who Has Won to Mastership

"Ha? Cad a dúirt mé? Is fíor an fhírinne atá agam nuair a deirim gur diabhal é Buck."

"Eh? What did I say? I speak true when I say Buck is a devil."

Dúirt François é seo an mhaidin dár gcionn tar éis dó Spitz a fháil ar iarraidh.

François said this the next morning after finding Spitz missing.

Sheas Buck ann, clúdaithe le créachtaí ón troid fíochmhar.

Buck stood there, covered with wounds from the vicious fight.

Tharraing François Buck in aice na tine agus chuir sé a mhéar ar na gortuithe.

François pulled Buck near the fire and pointed at the injuries.

"Throid an Spitz sin cosúil leis an Devik," a dúirt Perrault, agus é ag féachaint go géar ar na gearrthacha doimhne.

"That Spitz fought like the Devik," said Perrault, eyeing the deep gashes.

"Agus gur throid Buck cosúil le dhá dheamhan," fhreagair François láithreach.

"And that Buck fought like two devils," François replied at once.

"Anois déanfaimid dea-am; gan a thuilleadh Spitz, gan a thuilleadh trioblóide."

"Now we will make good time; no more Spitz, no more trouble."

Bhí Perrault ag pacáil an trealaimh agus ag luchtú an sled go cúramach.

Perrault was packing the gear and loaded the sled with care.

Chuir François na madraí ar leataobh mar ullmhúchán do rith an lae.

François harnessed the dogs in preparation for the day's run.

Rith Buck díreach go dtí an seasamh ceannais a bhí ag Spitz tráth.

Buck trotted straight to the lead position once held by Spitz.

Ach gan a thabhairt faoi deara, threoraigh François Solleks chun tosaigh.

But François, not noticing, led Solleks forward to the front.

I mbreithiúnas François, ba é Solleks an madra ceannaireachta ab fhearr anois.

In François's judgment, Solleks was now the best lead-dog.

Léim Buck ar Solleks le buile agus thiomáin sé ar ais é mar agóid.

Buck sprang at Solleks in fury and drove him back in protest.

Sheas sé san áit a raibh Spitz ina sheasamh tráth, ag éileamh an phríomhshuíomh.

He stood where Spitz once had stood, claiming the lead position.

"Ha? Ha?" a d'éirigh François, ag bualadh a chromáin le greann.

"Eh? Eh?" cried François, slapping his thighs in amusement.

"Féach ar Buck—mharaigh sé Spitz, anois ba mhaith leis an bpost a ghlacadh!"

"Look at Buck—he killed Spitz, now he wants to take the job!"

"Imigh leat, a Chook!" a scairt sé, ag iarraidh Buck a thiomáint ar shiúl.

"Go away, Chook!" he shouted, trying to drive Buck away.

Ach dhiúltaigh Buck bogadh agus sheas sé go daingean sa sneachta.

But Buck refused to move and stood firm in the snow.

Rug François ar Buck ar an gcrúca, ag tarraingt i leataobh é.

François grabbed Buck by the scruff, dragging him aside.

Lig Buck drannadh íseal agus bagrach ach níor ionsaigh sé.

Buck growled low and threateningly but did not attack.

Chuir François Solleks ar ais sa cheannas, ag iarraidh an t-aighneas a réiteach.

François put Solleks back in the lead, trying to settle the dispute

Léirigh an seanmhadra eagla roimh Buck agus ní raibh sé ag iarraidh fanacht.

The old dog showed fear of Buck and didn't want to stay.

Nuair a chas François a dhroim, thiomáin Buck Solleks amach arís.

When François turned his back, Buck drove Solleks out again.

Níor chuir Solleks ina choinne agus sheas sé i leataobh go ciúin arís.

Solleks did not resist and quietly stepped aside once more.

Tháinig fearg ar François agus scairt sé, "Dar le Dia, socraím thú!"

François grew angry and shouted, "By God, I fix you!"

Tháinig sé i dtreo Buck agus club trom ina láimh.

He came toward Buck holding a heavy club in his hand.

Chuimhnigh Buck go maith ar an bhfear sa geansaí dearg.

Buck remembered the man in the red sweater well.

Tharraing sé siar go mall, ag breathnú ar François, ach ag drannadh go domhain.

He retreated slowly, watching François, but growling deeply.

Níor dheifir sé ar ais, fiú nuair a sheas Solleks ina áit.

He did not rush back, even when Solleks stood in his place.

Chuaigh Buck i gciorcal díreach lasmuigh de bhaint amach, ag drannadh le fearg agus le hagóid.

Buck circled just beyond reach, snarling in fury and protest.

Choinnigh sé a shúile ar an chlub, réidh le seachaint dá gcaithfeadh François.

He kept his eyes on the club, ready to dodge if François threw.

Bhí sé tar éis éirí críonna agus aireach ar bhealaí na bhfear le hairm.

He had grown wise and wary in the ways of men with weapons.

Thug François suas agus ghlaoigh sé ar Buck chuig a sheanáit arís.

François gave up and called Buck to his former place again.

Ach sheas Buck siar go cúramach, ag diúltú géilleadh don ordú.

But Buck stepped back cautiously, refusing to obey the order.

Lean François é, ach níor tharraing Buck siar ach cúpla céim eile.

François followed, but Buck only retreated a few steps more.

Tar éis tamaill, chaith François an t-arm síos i frustrachas.

After some time, François threw the weapon down in frustration.

Shíl sé go raibh eagla ar Buck roimh bhuille agus go raibh sé chun teacht go ciúin.

He thought Buck feared a beating and was going to come quietly.

Ach ní raibh Buck ag seachaint pionóis—bhí sé ag troid ar son céime.

But Buck wasn't avoiding punishment—he was fighting for rank.

Bhí an áit mar mhadra ceannais tuillte aige trí throid go dtí an bás.

He had earned the lead-dog spot through a fight to the death

Ní raibh sé chun socrú le haon rud níos lú ná bheith ina cheannaire.

he was not going to settle for anything less than being the leader.

Ghlac Perrault lámh sa tóir chun cabhrú leis an Buck ceannairceach a ghabháil.

Perrault took a hand in the chase to help catch the rebellious Buck.

Le chéile, rith siad timpeall an champa é ar feadh beagnach uair an chloig.

Together, they ran him around the camp for nearly an hour.

Chaith siad bataí air, ach sheachain Buck gach ceann acu go sciliúil.

They hurled clubs at him, but Buck dodged each one skillfully.

Mhallaigh siad é féin, a shinsear, a shliocht, agus gach ribín gruaige air.

They cursed him, his ancestors, his descendants, and every hair on him.

Ach ní dhearna Buck ach drannadh ar ais agus d'fhan sé díreach as a raon.

But Buck only snarled back and stayed just out of their reach.

Ní dhearna sé iarracht riamh teitheadh ach chuaigh sé timpeall an champa d'aon ghnó.

He never tried to run away but circled the camp deliberately.

Chuir sé in iúl go soiléir go raibh sé chun géilleadh a luaithe a thabharfaidís dó a raibh uaidh.

He made it clear he was going to obey once they gave him what he wanted.

Shuigh François síos faoi dheireadh agus scríob sé a cheann le frustrachas.

François finally sat down and scratched his head in frustration.

D'fhéach Perrault ar a uaireadóir, mhionnaigh sé, agus bhí sé ag cogarnaíl faoin am caillte.

Perrault checked his watch, swore, and muttered about lost time.

Bhí uair an chloig caite cheana féin nuair ba chóir dóibh a bheith ar an gcosán.

An hour had already passed when they should have been on the trail.

Chroith François a ghuaillí go náireach i dtreo an chúiréara, a lig osna faoi léigear.

François shrugged sheepishly at the courier, who sighed in defeat.

Ansin shiúil François go Solleks agus ghlaoigh sé ar Buck arís.

Then François walked to Solleks and called out to Buck once more.

Gháir Buck mar a dhéanfadh madra gáire, ach choinnigh sé a achar cúramach.

Buck laughed like a dog laughs, but kept his cautious distance.

Bhain François úim Solleks de agus chuir sé ar ais ina áit é.

François removed Solleks's harness and returned him to his spot.

Sheas foireann na sleamhnán go hiomlán feistithe, agus gan ach spás amháin folamh.

The sled team stood fully harnessed, with only one spot unfilled.

D'fhan an seasamh ceannaireachta folamh, agus é beartaithe go soiléir do Buck amháin.

The lead position remained empty, clearly meant for Buck alone.

Ghlaoigh François arís, agus arís gáire Buck agus sheas sé a sheasamh.

François called again, and again Buck laughed and held his ground.

"Caith síos an club," d'ordaigh Perrault gan leisce.

"Throw down the club," Perrault ordered without hesitation.

D'umhlaigh François, agus rith Buck ar aghaidh láithreach go bródúil.

François obeyed, and Buck immediately trotted forward proudly.

Rinn sé gáire buacach agus sheas sé isteach sa phost ceannais.

He laughed triumphantly and stepped into the lead position.

D'éirigh le François a rianta a dhaingniú, agus briseadh an sled saor.

François secured his traces, and the sled was broken loose.

Rith an bheirt fhear taobh le taobh agus an fhoireann ag rásaíocht ar chosán na habhann.

Both men ran alongside as the team raced onto the river trail.

Bhí meas mór ag François ar "dhá dheamhan" Buck,

François had thought highly of Buck's "two devils,"

ach thuig sé go luath gur mheas sé an madra faoina luach i ndáiríre.

but he soon realized he had actually underestimated the dog.

Ghlac Buck ceannaireacht go gasta agus d'fheidhmigh sé go sármhaith.

Buck quickly assumed leadership and performed with excellence.

I mbreithiúnas, i smaointeoireacht thapa, agus i ngníomh tapa, sháraigh Buck Spitz.

In judgment, quick thinking, and fast action, Buck surpassed Spitz.

Ní fhaca François madra riamh a bhí cothrom leis an gceann a léirigh Buck anois.

François had never seen a dog equal to what Buck now displayed.

Ach bhí Buck thar barr i ndáiríre maidir le hord a chur i bhfeidhm agus meas a chothú.

But Buck truly excelled in enforcing order and commanding respect.

Ghlac Dave agus Solleks leis an athrú gan imní ná agóid.

Dave and Solleks accepted the change without concern or protest.

Dhírigh siad ar an obair amháin agus ar tharraingt go crua sna sreanga.

They focused only on work and pulling hard in the reins.

Is beag suim a bhí acu cé a bhí i gceannas, fad is a bhí an sled ag bogadh.

They cared little who led, so long as the sled kept moving.

D'fhéadfadh Billee, an fear gealgháireach, a bheith i gceannas ar a laghad.

Billee, the cheerful one, could have led for all they cared.

Ba é an rud a bhí tábhachtach dóibh ná síocháin agus ord sna ranganna.

What mattered to them was peace and order in the ranks.

Bhí an chuid eile den fhoireann ag éirí mí-rialta le linn meath Spitz.

The rest of the team had grown unruly during Spitz's decline.

Bhí siad scanraithe nuair a thug Buck ord láithreach dóibh.

They were shocked when Buck immediately brought them to order.

Bhí Pike leisciúil i gcónaí agus ag tarraingt a chosa i ndiaidh Buck.

Pike had always been lazy and dragging his feet behind Buck.

Ach anois bhí smacht géar curtha air ag an gceannaireacht nua.

But now was sharply disciplined by the new leadership.

Agus d'fhoghlaim sé go gasta conas a chuid oibre a dhéanamh san fhoireann.

And he quickly learned to pull his weight in the team.

Faoi dheireadh an lae, d'oibrigh Pike níos déine ná riamh.

By the end of the day, Pike worked harder than ever before.

An oíche sin sa champa, cuireadh Joe, an madra searbh, faoi chois faoi dheireadh.

That night in camp, Joe, the sour dog, was finally subdued.

Theip ar Spitz smacht a chur air, ach níor theip ar Buck.

Spitz had failed to discipline him, but Buck did not fail.

Ag baint úsáide as a mheáchan níos mó, sháraigh Buck Joe i gceann soicindí.

Using his greater weight, Buck overwhelmed Joe in seconds.

Ghreim agus bhuail sé Joe go dtí gur ghearáin sé agus gur stop sé ag cur i gcoinne.

He bit and battered Joe until he whimpered and ceased resisting.

Tháinig feabhas ar an bhfoireann ar fad ón nóiméad sin ar aghaidh.

The whole team improved from that moment on.

D'éirigh leis na madraí a sean-aontacht agus a smacht a fháil ar ais.

The dogs regained their old unity and discipline.

Ag Rink Rapids, tháinig dhá huskie dúchasacha nua, Teek agus Koona, isteach ann.

At Rink Rapids, two new native huskies, Teek and Koona, joined.

Chuir an oiliúint thapa a rinne Buck orthu iontas fiú ar François.

Buck's swift training of them astonished even François.

"Ní raibh madra riamh ann mar an Buck sin!" a d'éigh sé le hiontas.

"Never was there such a dog as that Buck!" he cried in amazement.

"Ní hea, choíche! Is fiú míle dollar é, dar le Dia!"

"No, never! He's worth one thousand dollars, by God!"

"Hé? Cad a deir tú, a Perrault?" a d'fhiafraigh sé le bród.

"Eh? What do you say, Perrault?" he asked with pride.

Chroith Perrault a cheann mar chomhaontú agus sheiceáil sé a nótaí.

Perrault nodded in agreement and checked his notes.

Táimid chun tosaigh ar an sceideal cheana féin agus ag gnóthú níos mó gach lá.

We're already ahead of schedule and gaining more each day.

Bhí an cosán crua pacáilte agus réidh, gan aon sneachta úr.

The trail was hard-packed and smooth, with no fresh snow.

Bhí an fuacht seasmhach, ag crochadh ag caoga faoi bhun náid ar feadh an ama.

The cold was steady, hovering at fifty below zero throughout.

Mharcaigh agus rith na fir ina sealanna le fanacht te agus am a dhéanamh.

The men rode and ran in turns to keep warm and make time.

Rith na madraí go gasta le cúpla stad, i gcónaí ag brú ar aghaidh.

The dogs ran fast with few stops, always pushing forward.

Bhí Abhainn Thirty Mile reoite den chuid is mó agus bhí sé éasca taisteal trasna.

The Thirty Mile River was mostly frozen and easy to travel across.

Chuaigh siad amach in aon lá amháin an rud a thóg deich lá orthu teacht isteach.

They went out in one day what had taken ten days coming in.

Rinne siad ruathar seasca míle ó Loch Le Barge go dtí an Capall Bán.

They made a sixty-mile dash from Lake Le Barge to White Horse.

Trasna Lochanna Marsh, Tagish, agus Bennett bhog siad go han-tapa.

Across Marsh, Tagish, and Bennett Lakes they moved incredibly fast.

Tharraing an fear reatha taobh thiar den sled ar rópa.

The running man towed behind the sled on a rope.

Ar an oíche dheireanach den dara seachtain shroich siad a gceann scríbe.

On the last night of week two they got to their destination.

Bhí siad tar éis barr an Bhealaigh Bháin a shroicheadh le chéile.

They had reached the top of White Pass together.

Thit siad síos go leibhéal na farraige le soilse Skaguay fúthu.

They dropped down to sea level with Skaguay's lights below them.

Bhí sé ina rith taifead-bhriste trasna mílte míle de fhiántas fuar.

It had been a record-setting run across miles of cold wilderness.

Ar feadh ceithre lá déag as a chéile, shiúil siad daichead míle ar an meán.

For fourteen days straight, they averaged a strong forty miles.

I Skaguay, bhog Perrault agus François lasta tríd an mbaile.

In Skaguay, Perrault and François moved cargo through town.

Rinne sluaite measúla iad a bhéiceadh agus thairg siad go leor deochanna dóibh.

They were cheered and offered many drinks by admiring crowds.

Bhailigh díothaithe madraí agus oibrithe timpeall ar an bhfoireann madraí cáiliúil.

Dog-busters and workers gathered around the famous dog team.

Ansin tháinig eisreachtaí an iarthair go dtí an baile agus bhuail siad go foréigneach.

Then western outlaws came to town and met violent defeat.

D'éirigh leis na daoine dearmad a dhéanamh ar an bhfoireann go luath agus dhírigh siad ar dhráma nua.

The people soon forgot the team and focused on new drama.

Ansin tháinig na horduithe nua a d'athraigh gach rud ag an am céanna.

Then came the new orders that changed everything at once.

Ghlaoigh François ar Buck chuige agus thug sé barróg dó le bród agus deora ann.

François called Buck to him and hugged him with tearful pride.

Ba é an nóiméad sin an uair dheireanach a chonaic Buck François arís riamh.

That moment was the last time Buck ever saw François again.

Cosúil le go leor fear roimhe seo, bhí François agus Perrault imithe.

Like many men before, both François and Perrault were gone.

Ghlac leathphór Albanach cúram Buck agus a chomhghleacaithe madraí sled.

A Scotch half-breed took charge of Buck and his sled dog teammates.

Le dosaen foirne madraí eile, d'fhill siad ar an gcosán go Dawson.

With a dozen other dog teams, they returned along the trail to Dawson.

Ní raibh sé ag rith go gasta anois—ach saothar trom le hualach trom gach lá.

It was no fast run now—just heavy toil with a heavy load each day.

Ba é seo an traein poist, ag tabhairt scéala chuig sealgairí óir in aice leis an bPol.

This was the mail train, bringing word to gold hunters near the Pole.

Níor thaitin an obair le Buck ach d'éirigh leis go maith, agus é bródúil as a chuid iarrachtaí.

Buck disliked the work but bore it well, taking pride in his effort.

Cosúil le Dave agus Solleks, léirigh Buck dúthracht i ngach tasc laethúil.

Like Dave and Solleks, Buck showed devotion to every daily task.

D'áirithigh sé go ndearna a chomhghleacaithe a ndícheall.

He made sure his teammates each pulled their fair weight.

D'éirigh saol na gcosán leadránach, á athdhéanamh le cruinneas meaisín.

Trail life became dull, repeated with the precision of a machine.

Bhraith gach lá mar a chéile, maidin amháin ag teacht le chéile.

Each day felt the same, one morning blending into the next.

Ag an uair chéanna, d'éirigh na cócairí chun tinte a thógáil agus bia a ullmhú.

At the same hour, the cooks rose to build fires and prepare food.

Tar éis an bhricfeasta, d'fhág cuid acu an campa agus cheangail cuid eile na madraí.

After breakfast, some left camp while others harnessed the dogs.

Bhuail siad an cosán sular bhuail rabhadh doiléir breacadh an lae an spéir.

They hit the trail before the dim warning of dawn touched the sky.

San oíche, stop siad chun campa a dhéanamh, gach fear le dualgas socraithe.

At night, they stopped to make camp, each man with a set duty.

Chuir cuid acu na pubaill suas, ghearr cuid eile connadh agus bhailigh siad craobhacha péine.

Some pitched the tents, others cut firewood and gathered pine boughs.

Thugadh uisce nó oighear ar ais chuig na cócairí don bhéile tráthnóna.

Water or ice was carried back to the cooks for the evening meal.

Tugadh bia do na madraí, agus ba é seo an chuid ab fhearr den lá dóibh.

The dogs were fed, and this was the best part of the day for them.

Tar éis dóibh iasc a ithe, scíth a ligean na madraí agus luigh siad in aice na tine.

After eating fish, the dogs relaxed and lounged near the fire.

Bhí céad madra eile sa chonbhua le meascadh leo.

There were a hundred other dogs in the convoy to mingle with.

Bhí go leor de na madraí sin fíochmhar agus gasta chun troid gan rabhadh.

Many of those dogs were fierce and quick to fight without warning.

Ach tar éis trí bhua, bhí máistreacht ag Buck ar fiú na trodaithe is fíochmhaire.

But after three wins, Buck mastered even the fiercest fighters.

Anois nuair a dranntaigh Buck agus a thaispeáin sé a chuid fiacla, shiúil siad i leataobh.

Now when Buck growled and showed his teeth, they stepped aside.

B'fhéidir gurbh fhearr ar fad é gur thaitin sé le Buck luí in aice na tine champa a bhí ag lasadh.

Perhaps best of all, Buck loved lying near the flickering campfire.

Chuaigh sé cromtha lena chosa deiridh fillte agus a chosa tosaigh sínte chun tosaigh.

He crouched with hind legs tucked and front legs stretched ahead.

Ardaíodh a cheann agus é ag caochadh go bog ag na lasracha lonracha.

His head was raised as he blinked softly at the glowing flames.

Uaireanta chuimhnigh sé ar theach mór an Bhreithimh Miller i Santa Clara.

Sometimes he recalled Judge Miller's big house in Santa Clara.

Smaoinigh sé ar an linn stroighne, ar Ysabel, agus an pug ar a dtugtaí Toots.

He thought of the cement pool, of Ysabel, and the pug called Toots.

Ach is minice a chuimhnigh sé ar chlub an fhir leis an geansaí dearg.

But more often he remembered the man with the red sweater's club.

Chuimhnigh sé ar bhás Casta agus ar a chath fíochmhar le Spitz.

He remembered Curly's death and his fierce battle with Spitz.

Chuimhnigh sé freisin ar an mbia maith a d'ith sé nó a raibh sé fós ag brionglóideach faoi.

He also recalled the good food he had eaten or still dreamed of.

Ní raibh cianalas ar Buck—bhí an gleann te i bhfad i gcéin agus neamhréadúil.

Buck was not homesick—the warm valley was distant and unreal.

Ní raibh aon tarraingt cheart ag cuimhní cinn ar California air a thuilleadh.

Memories of California no longer held any real pull over him.

Bhí instincts domhain ina shliocht fola níos láidre ná an chuimhne.

Stronger than memory were instincts deep in his bloodline.

Bhí nósanna a bhí caillte tráth ar ais, athbheoite ag an gcosán agus an fiántas.

Habits once lost had returned, revived by the trail and the wild.

Agus Buck ag breathnú ar an tine, uaireanta d'athraigh sé ina rud éigin eile.

As Buck watched the firelight, it sometimes became something else.

Chonaic sé tine eile i solas na tine, níos sine agus níos doimhne ná an ceann atá ann faoi láthair.

He saw in the firelight another fire, older and deeper than the present one.

In aice leis an tine eile sin bhí fear ina chromadh nach raibh cosúil leis an gcócaire leathbhliantúil.

Beside that other fire crouched a man unlike the half-breed cook.

Bhí cosa gearra, airm fhada, agus matáin chrua, snaidhmthe ag an bhfigiúr seo.

This figure had short legs, long arms, and hard, knotted muscles.

Bhí a chuid gruaige fada agus mataithe, ag claonadh siar ó na súile.

His hair was long and matted, sloping backward from the eyes.

Rinne sé fuaimeanna aisteacha agus d'fhéach sé amach le heagla ar an dorchadas.

He made strange sounds and stared out in fear at the darkness.

Choinnigh sé club cloiche íseal, greim daingean air ina lámh fhada gharbh.

He held a stone club low, gripped tightly in his long rough hand.

Ní raibh mórán éadaí ar an bhfear; ní raibh ann ach craiceann dóite a bhí ag crochadh síos a dhroim.

The man wore little; just a charred skin that hung down his back.

Bhí a chorp clúdaithe le gruaig thiubh ar fud a airm, a chliabhrach agus a chosa.

His body was covered with thick hair across arms, chest, and thighs.

Bhí codanna den ghruaig fite fuaite ina paistí fionnaidh gharbh.

Some parts of the hair were tangled into patches of rough fur.

Níor sheas sé díreach ach chrom sé ar aghaidh ó na cromáin go dtí na glúine.

He did not stand straight but bent forward from the hips to knees.

Bhí a chéimeanna lingreacha agus cosúil le cat, amhail is dá mbeadh sé i gcónaí réidh le léim.

His steps were springy and catlike, as if always ready to leap.

Bhí airdeall géar ann, amhail is dá mba rud é go raibh eagla air i gcónaí.

There was a sharp alertness, like he lived in constant fear.

Dhealraigh sé go raibh an fear ársa seo ag súil le contúirt, cibé acu a chonaiceamar an chontúirt nó nach bhfaca.

This ancient man seemed to expect danger, whether the danger was seen or not.

Uaireanta chodail an fear clúmhach cois na tine, a cheann curtha idir a chosa.

At times the hairy man slept by the fire, head tucked between legs.

Bhí a uillinneacha ar a ghlúine, a lámha fillte os cionn a chinn.

His elbows rested on his knees, hands clasped above his head.

Cosúil le madra, d'úsáid sé a airm chlúmhacha chun an bháisteach a bhí ag titim a chaitheamh de.

Like a dog he used his hairy arms to shed off the falling rain.

Taobh thiar den tine, chonaic Buck cúpla gual ag lonrú sa dorchadas.

Beyond the firelight, Buck saw twin coals glowing in the dark.

Beirt ar bheirt i gcónaí, ba iad súile beithígh creiche ag stalcaireacht.

Always two by two, they were the eyes of stalking beasts of prey.

Chuala sé coirp ag bualadh trí thorlaigh agus fuaimeanna a rinneadh san oíche.

He heard bodies crash through brush and sounds made in the night.

Ina luí ar bhruach Yukon, ag caochadh a shúl, bhí Buck ag brionglóideach cois na tine.

Lying on the Yukon bank, blinking, Buck dreamed by the fire.

Chuir radhairc agus fuaimeanna an domhain fhiáin sin a chuid gruaige ina sheasamh.

The sights and sounds of that wild world made his hair stand up.

D'éirigh an fionnadh feadh a dhroma, a ghuaillí, agus suas a mhuineál.

The fur rose along his back, his shoulders, and up his neck.

Lig sé geonaíl bhog nó thug sé grág íseal go domhain ina bhrollach.

He whimpered softly or gave a low growl deep in his chest.

Ansin scairt an cócaire leathbhliantúil, "A Bhuic, dúisigh!"

Then the half-breed cook shouted, "Hey, you Buck, wake up!"

D'imigh an domhan aislingeach as radharc, agus d'fhill an saol fíor i súile Buck.

The dream world vanished, and real life returned to Buck's eyes.

Bhí sé ar tí éirí, síneadh amach, agus méanfach, amhail is dá mba rud é go raibh sé dúisithe ó chodladh.

He was going to get up, stretch, and yawn, as if woken from a nap.

Bhí an turas crua, agus an sled poist ag tarraingt ina ndiaidh.

The trip was hard, with the mail sled dragging behind them.

Bhíodh ualaí troma agus obair chrua ag cur as do na madraí gach lá fada.

Heavy loads and tough work wore down the dogs each long day.

Shroich siad Dawson tanaí, tuirseach, agus níos mó ná seachtain scíthe ag teastáil uathu.

They reached Dawson thin, tired, and needing over a week's rest.

Ach dhá lá ina dhiaidh sin amháin, leag siad amach síos an Yukon arís.

But only two days later, they set out down the Yukon again.

Bhí siad lán le tuilleadh litreacha a bhí ag dul don domhan mór.

They were loaded with more letters bound for the outside world.

Bhí na madraí tuirseach agus bhí na fir ag gearán i gcónaí.

The dogs were exhausted and the men were complaining constantly.

Thit sneachta gach lá, ag maolú an chosáin agus ag moilliú na sleamhnán.

Snow fell every day, softening the trail and slowing the sleds.

Mar thoradh air sin, bhí tarraingt níos deacra agus níos mó cúil ar na reathaithe.

This made for harder pulling and more drag on the runners.

In ainneoin sin, bhí na tiománaithe cothrom agus thug siad aire dá bhfoirne.

Despite that, the drivers were fair and cared for their teams.

Gach oíche, bheathófaí na madraí sula bhfuair na fir deis ithe.

Each night, the dogs were fed before the men got to eat.

Ní chodail aon fhear sula seiceálann sé cosa a mhadra féin.

No man slept before checking the feet of his own dog's.

Mar sin féin, d'éirigh na madraí níos laige de réir mar a chaith na mílte ar a gcorp.

Still, the dogs grew weaker as the miles wore on their bodies.

Bhí siad tar éis taisteal ocht gcéad déag míle i rith an gheimhridh.

They had traveled eighteen hundred miles through the winter.

Tharraing siad sledanna trasna gach míle den achar brúidiúil sin.

They pulled sleds across every mile of that brutal distance.

Mothaíonn fiú na madraí sled is deacra brú tar éis an oiread sin míle.

Even the toughest sled dogs feel strain after so many miles.

Sheas Buck leis, choinnigh sé a fhoireann ag obair, agus choinnigh sé smacht.

Buck held on, kept his team working, and maintained discipline.

Ach bhí Buck tuirseach, díreach cosúil leis na daoine eile ar an turas fada.

But Buck was tired, just like the others on the long journey.

Bhíodh Billee ag caoineadh agus ag geonaíl ina chodladh gach oíche gan teip.

Billee whimpered and cried in his sleep each night without fail.

D'éirigh Joe níos searbh fós, agus d'fhan Solleks fuar agus iargúlta.

Joe grew even more bitter, and Solleks stayed cold and distant.

Ach ba é Dave a d'fhulaing an chuid is measa den fhoireann ar fad.

But it was Dave who suffered the worst out of the entire team.

Bhí rud éigin imithe mícheart istigh ann, cé nach raibh a fhios ag aon duine cad é.

Something had gone wrong inside him, though no one knew what.

Chuaigh sé níos gruama agus phléasc sé le daoine eile le fearg ag dul i méid.

He became moodier and snapped at others with growing anger.

Gach oíche théadh sé díreach chuig a nead, ag fanacht le bia a fháil.

Each night he went straight to his nest, waiting to be fed.

Nuair a bhí sé síos, níor éirigh Dave arís go dtí an mhaidin.

Once he was down, Dave did not get up again till morning.

Ar na sreanga, chuir preabadh nó tús tobann ag béicíl amach le pian é.

On the reins, sudden jerks or starts made him cry out in pain.

Chuardaigh a thiománaí an chúis, ach ní bhfuair sé aon ghortú air.

His driver searched for the cause, but found no injury on him.

Thosaigh na tiománaithe go léir ag breathnú ar Dhaibhidh agus ag plé a chás.

All the drivers began watching Dave and discussed his case.

Labhair siad ag béilí agus le linn a dtobac deireanach den lá.

They talked at meals and during their final smoke of the day.

Oíche amháin bhí cruinniú acu agus thug siad Dave chuig an tine.

One night they held a meeting and brought Dave to the fire.

Bhrúigh agus rinne siad iniúchadh ar a chorp, agus scread sé amach go minic.

They pressed and probed his body, and he cried out often.

Is léir go raibh rud éigin cearr, cé nach raibh cuma ar an scéal go raibh aon chnámha briste.

Clearly, something was wrong, though no bones seemed broken.

Faoin am a shroich siad Cassiar Bar, bhí Dave ag titim síos.

By the time they reached Cassiar Bar, Dave was falling down.

Chuir an leathphór Albanach deireadh leis an obair agus bhain sé Dave den fhoireann.

The Scotch half-breed called a halt and removed Dave from the team.

Cheangail sé Solleks in áit Dave, is gaire do thosach an tsleamhnáin.

He fastened Solleks in Dave's place, closest to the sled's front.

Bhí sé i gceist aige ligean do Dave scíth a ligean agus rith go saor taobh thiar den sled a bhí ag gluaiseacht.

He meant to let Dave rest and run free behind the moving sled.

Ach fiú agus é tinn, níor thaitin sé le Dave a bheith tógtha óna phost a bhí aige.

But even sick, Dave hated being taken from the job he had owned.

Rinne sé drannadh agus geonaíl agus na sreanga á dtarraingt óna chorp.

He growled and whimpered as the reins were pulled from his body.

Nuair a chonaic sé Solleks ina áit, ghuil sé le pian croíbhriste.

When he saw Solleks in his place, he cried with broken-hearted pain.

Bhí bród na hoibre conaire go domhain i nDáibhí, fiú agus an bás ag druidim linn.

The pride of trail work was deep in Dave, even as death approached.

De réir mar a bhí an sled ag bogadh, bhí Dave ag streachailt tríd an sneachta bog in aice leis an gcosán.

As the sled moved, Dave floundered through soft snow near the trail.

Rinne sé ionsaí ar Solleks, ag greimniú agus ag brú air ó thaobh an tsleamhnáin.

He attacked Solleks, biting and pushing him from the sled's side.

Rinne Dave iarracht léim isteach sa úim agus a áit oibre a fháil ar ais.

Dave tried to leap into the harness and reclaim his working spot.

Bhreathnaigh sé, ghearáin sé, agus chaoin sé, idir dhá chomhairle: pian agus bród as a shaothar.

He yelped, whined, and cried, torn between pain and pride in labor.

Bhain an leathbhriod úsáid as a fhuip chun iarracht a dhéanamh Dave a thiomáint ar shiúl ón bhfoireann.

The half-breed used his whip to try driving Dave away from the team.

Ach níor thug Dave aird ar an mbuille, agus ní fhéadfadh an fear buille níos deacra a thabhairt dó.

But Dave ignored the lash, and the man couldn't strike him harder.

Dhiúltaigh Dave an cosán níos fusa taobh thiar den sled, áit a raibh sneachta pacáilte.

Dave refused the easier path behind the sled, where snow was packed.

Ina áit sin, bhí sé ag streachailt sa sneachta domhain cois an chosáin, i mbrón.

Instead, he struggled in the deep snow beside the trail, in misery.

Sa deireadh, thit Dave i laige, ina luí sa sneachta agus é ag gol le pian.

Eventually, Dave collapsed, lying in the snow and howling in pain.

Ghlaodh sé amach agus an traein fhada sledanna ag dul thart ceann ar cheann.

He cried out as the long train of sleds passed him one by one.

Mar sin féin, leis an neart a bhí fágtha aige, d'éirigh sé agus lean sé iad le stad.

Still, with what strength remained, he rose and stumbled after them.

Rug sé air nuair a stop an traein arís agus fuair sé a shean-sled.

He caught up when the train stopped again and found his old sled.

Chuaigh sé thar na foirne eile agus sheas sé taobh le Solleks arís.

He floundered past the other teams and stood beside Solleks again.

Agus an tiománaí ag stad chun a phíoba a lasadh, bhain Dave leas as a sheans deireanach.

As the driver paused to light his pipe, Dave took his last chance.

Nuair a d'fhill an tiománaí agus a scairt sé, níor bhog an fhoireann ar aghaidh.

When the driver returned and shouted, the team didn't move forward.

Bhí na madraí tar éis a gcinn a chasadh, mearbhall orthu faoin stad tobann.

The dogs had turned their heads, confused by the sudden stoppage.

Bhí an tiománaí turraingthe freisin—ní raibh an sled bogtha orlach ar aghaidh.

The driver was shocked too—the sled hadn't moved an inch forward.

Ghlaoigh sé ar na daoine eile teacht agus féachaint cad a tharla.

He called out to the others to come and see what had happened.

Bhí Dave tar éis sreanga Solleks a chnagadh, ag briseadh an dá cheann óna chéile.

Dave had chewed through Solleks's reins, breaking both apart.

Anois sheas sé os comhair an tsleamhnáin, ar ais ina shuíomh ceart.

Now he stood in front of the sled, back in his rightful position.

D'fhéach Dave suas ar an tiománaí, ag impí go ciúin fanacht sna rianta.

Dave looked up at the driver, silently pleading to stay in the traces.

Bhí an tiománaí mearbhall, gan a bheith cinnte cad a dhéanfadh sé don mhadra a bhí ag streachailt.

The driver was puzzled, unsure of what to do for the struggling dog.

Labhair na fir eile faoi mhadraí a fuair bás ó bheith tugtha amach.

The other men spoke of dogs who had died from being taken out.

D'inis siad faoi mhadraí sean nó gortaithe a bhris a gcroí nuair a fágadh ina ndiaidh iad.

They told of old or injured dogs whose hearts broke when left behind.

D'aontaigh siad gur trócaire a bhí ann ligean do Dave bás a fháil agus é fós ina úim.

They agreed it was mercy to let Dave die while still in his harness.

Bhí sé ceangailte ar ais ar an sled, agus tharraing Dave le bród.

He was fastened back onto the sled, and Dave pulled with pride.

Cé gur scread sé amach uaireanta, d'oibrigh sé amhail is dá bhféadfaí neamhaird a dhéanamh den phian.

Though he cried out at times, he worked as if pain could be ignored.

Níos mó ná uair amháin thit sé agus tarraingíodh é sular éirigh sé arís.

More than once he fell and was dragged before rising again.

Uair amháin, rolladh an sled thar a chionn, agus bhí sé ag bacach ón nóiméad sin ar aghaidh.

Once, the sled rolled over him, and he limped from that moment on.

Mar sin féin, d'oibrigh sé go dtí gur shroich sé an campa, agus ansin luigh sé cois tine.

Still, he worked until camp was reached, and then lay by the fire.

Faoin mhaidin, bhí Dave ró-lag le taisteal nó fiú seasamh ina sheasamh.

By morning, Dave was too weak to travel or even stand upright.

Ag am an sreinge a cheangal, rinne sé iarracht teacht ar a thiománaí le hiarracht chrithneach.

At harness-up time, he tried to reach his driver with trembling effort.

Bhrúigh sé é féin suas, stad sé, agus thit sé ar an talamh sneachta.

He forced himself up, staggered, and collapsed onto the snowy ground.

Ag baint úsáide as a chosa tosaigh, tharraing sé a chorp i dtreo na háite ina raibh an úim ceangailte.

Using his front legs, he dragged his body toward the harnessing area.

Shleamhnaigh sé é féin ar aghaidh, orlach ar orlach, i dtreo na madraí oibre.

He hitched himself forward, inch by inch, toward the working dogs.

Theip ar a neart, ach lean sé air ag bogadh ina bhrú éadóchasach deireanach.

His strength gave out, but he kept moving in his last desperate push.

Chonaic a chomhghleacaithe é ag tarraingt anáil sa sneachta, agus iad fós ag tnúth le bheith leo.

His teammates saw him gasping in the snow, still longing to join them.

Chuala siad é ag ulcadh le brón agus iad ag fágáil an champa ina ndiaidh.

They heard him howling with sorrow as they left the camp behind.

De réir mar a d'imigh an fhoireann as radharc sna crainn, bhí macalla ag caoineadh Dave ina ndiaidh.

As the team vanished into trees, Dave's cry echoed behind them.

Stad an traein sled go hachomair tar éis dó stráice adhmaid abhann a thrasnú.

The sled train halted briefly after crossing a stretch of river timber.

Shiúil an leathbhrón Albanach go mall ar ais i dtreo an champa taobh thiar de.

The Scotch half-breed walked slowly back toward the camp behind.

Stop na fir ag caint nuair a chonaic siad é ag fágáil an traenach sled.

The men stopped speaking when they saw him leave the sled train.

Ansin chualathas urchar amháin soiléir géar trasna an chosáin.

Then a single gunshot rang out clear and sharp across the trail.

D'fhill an fear go tapaidh agus ghlac sé a áit gan focal a rá.

The man returned quickly and took up his place without a word.

Phléasc fuipeanna, bhíodh cloig ag clingeadh, agus rolladh na sledanna ar aghaidh tríd an sneachta.

Whips cracked, bells jingled, and the sleds rolled on through snow.

Ach bhí a fhios ag Buck cad a tharla—agus bhí a fhios ag gach madra eile freisin.

But Buck knew what had happened—and so did every other dog.

Saothar na Réins agus an Chosáin
The Toil of Reins and Trail

Tríocha lá tar éis dóibh Dawson a fhágáil, shroich an Salt Water Mail Skaguay.

Thirty days after leaving Dawson, the Salt Water Mail reached Skaguay.

Bhí Buck agus a chomhghleacaithe chun tosaigh, agus iad i ndroch-chaoi ag teacht.

Buck and his teammates pulled the lead, arriving in pitiful condition.

Bhí meáchan Buck caillte ó chéad daichead go céad cúig phunt déag.

Buck had dropped from one hundred forty to one hundred fifteen pounds.

Cé go raibh na madraí eile níos lú, bhí níos mó meáchain coirp caillte acu fós.

The other dogs, though smaller, had lost even more body weight.

Bhí Pike, a bhí ina limper bréige tráth, ag tarraingt cos fíorghortaithe ina dhiaidh anois.

Pike, once a fake limper, now dragged a truly injured leg behind him.

Bhí Solleks ag bacach go dona, agus bhí lann ghualainn stróicthe ag Dub.

Solleks was limping badly, and Dub had a wrenched shoulder blade.

Bhí coise gach madra san fhoireann tinn ó sheachtainí ar an gcosán reoite.

Every dog in the team was footsore from weeks on the frozen trail.

Ní raibh aon earrach fágtha ina gcéimeanna, ach gluaiseacht mhall, shleamhain.

They had no spring left in their steps, only slow, dragging motion.

Bhuail a gcosa an cosán go crua, agus gach céim ag cur níos mó brú ar a gcorp.

Their feet hit the trail hard, each step adding more strain to their bodies.

Ní raibh siad tinn, ach bhí siad draenáilte thar aon téarnamh nádúrtha.

They were not sick, only drained beyond all natural recovery.

Ní tuirse a bhí ann ó lá crua amháin, leigheasta le oíche scíthe.

This was not tiredness from one hard day, cured with a night's rest.

Ba í an tuirse a bhí ann a bhí ag fás de réir a chéile trí mhíonna d'iarracht chrua.

It was exhaustion built slowly through months of grueling effort.

Ní raibh aon neart cúltaca fágtha—bhí gach píosa a bhí acu úsáidte acu.

No reserve strength remained—they had used up every bit they had.

Bhí gach matán, snáithín agus cill ina gcorp caite agus caite.

Every muscle, fiber, and cell in their bodies was spent and worn.

Agus bhí cúis leis sin—bhí cúig chéad is fiche míle clúdaithe acu.

And there was a reason—they had covered twenty-five hundred miles.

Ní raibh ach cúig lá scíthe acu le linn na hocht gcéad déag míle deireanacha.

They had rested only five days during the last eighteen hundred miles.

Nuair a shroich siad Skaguay, bhí cuma orthu nach raibh siad in ann seasamh ina seasamh ach ar éigean.

When they reached Skaguay, they looked barely able to stand upright.

Bhí siad ag streachailt leis na sreanga a choinneáil daingean agus fanacht chun tosaigh ar an sled.

They struggled to keep the reins tight and stay ahead of the sled.

Ar fánaí anuas cnoc, níor éirigh leo ach a sheachaint go mbeadh siad á rith tharstu.

On downhill slopes, they only managed to avoid being run over.

"Máirseáil ar aghaidh, a chosa bochta tinne," a dúirt an tiománaí agus iad ag bacach leo.

"March on, poor sore feet," the driver said as they limped along.

"Seo an stráice deireanach, ansin gheobhaimid scíth fhada amháin, cinnte."

"This is the last stretch, then we all get one long rest, for sure."

"Scíth fhada amháin," a gheall sé, agus é ag breathnú orthu ag stadláil ar aghaidh.

"One truly long rest," he promised, watching them stagger forward.

Bhí súil ag na tiománaithe go mbeadh sos fada, riachtanach acu anois.

The drivers expected they were going to now get a long, needed break.

Bhí siad tar éis taisteal dhá chéad déag míle gan ach dhá lá scíthe.

They had traveled twelve hundred miles with only two days' rest.

De réir cothroime agus réasúin, bhraith siad go raibh am tuillte acu le scíth a ligean.

By fairness and reason, they felt they had earned time to relax.

Ach bhí an iomarca tagtha go dtí an Klondike, agus níor fhan róbheag sa bhaile.

But too many had come to the Klondike, and too few had stayed home.

Tháinig litreacha ó theaghlaigh isteach, rud a chruthaigh carn poist a bhí moillithe.

Letters from families flooded in, creating piles of delayed mail.

Tháinig orduithe oifigiúla—bhí madraí nua ó Bhá Hudson chun seilbh a ghlacadh.

Official orders arrived—new Hudson Bay dogs were going to take over.

Bhí na madraí tuirseacha, ar a dtugtar gan fiúntas anois, le fáil réidh leo.

The exhausted dogs, now called worthless, were to be disposed of.

Ós rud é gur tábhachtaí airgead ná madraí, bhí siad le díol go saor.

Since money mattered more than dogs, they were going to be sold cheaply.

Chuaigh trí lá eile thart sular mhothaigh na madraí cé chomh lag is a bhí siad.

Three more days passed before the dogs felt just how weak they were.

Ar an gceathrú maidin, cheannaigh beirt fhear ó na Stáit an fhoireann ar fad.

On the fourth morning, two men from the States bought the whole team.

Áiríodh leis an díol na madraí go léir, móide a n-úim úim caite.

The sale included all the dogs, plus their worn harness gear.

Thug na fir "Hal" agus "Charles" ar a chéile agus iad ag críochnú an mhargaidh.

The men called each other "Hal" and "Charles" as they completed the deal.

Bhí Séarlas meánaosta, bán, le liopaí laga agus barr mustáis fíochmhar.

Charles was middle-aged, pale, with limp lips and fierce mustache tips.

Fear óg ab ea Hal, naoi mbliana déag d'aois b'fhéidir, agus crios líonta le cartúis air.

Hal was a young man, maybe nineteen, wearing a cartridge-stuffed belt.

Bhí reibilféar mór agus scian seilge sa chrios, gan úsáid ar bith.

The belt held a big revolver and a hunting knife, both unused.

Léirigh sé cé chomh neamh-inmhianaithe agus neamh-oiriúnach is a bhí sé don saol ó thuaidh.

It showed how inexperienced and unfit he was for northern life.

Níor bhain ceachtar fear leis an bhfiántas; sháraigh a láithreacht gach réasún.

Neither man belonged in the wild; their presence defied all reason.

D'fhéach Buck agus airgead á mhalartú idir an ceannaitheoir agus an gníomhaire.

Buck watched as money exchanged hands between buyer and agent.

Bhí a fhios aige go raibh tiománaithe an traenach poist ag imeacht as a shaol cosúil leis an gcuid eile.

He knew the mail-train drivers were leaving his life like the rest.

Lean siad Perrault agus François, a bhí imithe thar cuimhin leo anois.

They followed Perrault and François, now gone beyond recall.

Treoraíodh Buck agus an fhoireann chuig campa slodach a n-úinéirí nua.

Buck and the team were led to their new owners' sloppy camp.

Bhí an puball ag cromadh, bhí na miasa salach, agus bhí gach rud ina easnamh.

The tent sagged, dishes were dirty, and everything lay in disarray.

Thug Buck faoi deara bean ann freisin—Mercedes, bean chéile Charles agus deirfiúr Hal.

Buck noticed a woman there too—Mercedes, Charles's wife and Hal's sister.

Rinne siad teaghlach iomlán, cé nach raibh siad oiriúnach don chosán ar chor ar bith.

They made a complete family, though far from suited to the trail.

D'fhéach Buck go neirbhíseach agus an triúr ag tosú ag pacáil na soláthairtí.

Buck watched nervously as the trio started packing the supplies.

D'oibrigh siad go dian ach gan ord—círéib agus iarracht amú amháin.

They worked hard but without order—just fuss and wasted effort.

Bhí an puball rollta i gcruth toirtiúil, i bhfad rómhór don sled.

The tent was rolled into a bulky shape, far too large for the sled.

Pacáladh miasa salacha gan iad a ghlanadh ná a thriomú ar chor ar bith.

Dirty dishes were packed without being cleaned or dried at all.

Bhíodh Mercedes ag preabadh thart, ag caint, ag ceartú agus ag cur isteach i gcónaí.

Mercedes fluttered about, constantly talking, correcting, and meddling.

Nuair a cuireadh mála ar an tosaigh, d'áitigh sí go gcuirfí ar a chúl é.

When a sack was placed on front, she insisted it go on the back.

Phacáil sí an mála sa bhun, agus an nóiméad dár gcionn bhí sé ag teastáil uaithi.

She packed the sack in the bottom, and the next moment she needed it.

Mar sin díphacáileadh an sled arís chun an mála amháin ar leith a bhaint amach.

So the sled was unpacked again to reach the one specific bag.

In aice láimhe, sheas triúr fear taobh amuigh de phuball, ag faire ar an radharc ag tarlú.

Nearby, three men stood outside a tent, watching the scene unfold.

Rinne siad aoibh gháire, sméideadh siad a súile, agus rinne siad gáire faoi mhearbhall soiléir na núíosach.

They smiled, winked, and grinned at the newcomers' obvious confusion.

"Tá ualach trom ort cheana féin," a dúirt duine de na fir.

"You've got a right heavy load already," said one of the men.

"Ní dóigh liom gur cheart duit an puball sin a iompar, ach is leatsa an rogha."

"I don't think you should carry that tent, but it's your choice."

"Gan aon shamhlú!" a scread Mercedes, ag caitheamh a lámha in airde in éadóchas.

"Undreamed of!" cried Mercedes, throwing up her hands in despair.

"Conas a d'fhéadfainn taisteal gan puball le fanacht faoi?"

"How could I possibly travel without a tent to stay under?"

"Is earrach é—ní fheicfidh tú aimsir fhuar arís," a d'fhreagair an fear.

"It's springtime—you won't see cold weather again," the man replied.

Ach chroith sí a ceann, agus lean siad orthu ag carnadh rudaí ar an sled.

But she shook her head, and they kept piling items onto the sled.

D'éirigh an t-ualach thar a bheith ard agus iad ag cur na rudaí deiridh leis.

The load towered dangerously high as they added the final things.

"An gceapann tú go marcóidh an sled?" a d'fhiafraigh duine de na fir le cuma amhrasach air.

"Think the sled will ride?" asked one of the men with a skeptical look.

"Cén fáth nach mbeadh?" a d'fhreagair Séarlas go géar le fearg mhór.

"Why shouldn't it?" Charles snapped back with sharp annoyance.

"Ó, tá sin ceart go leor," a dúirt an fear go tapaidh, ag cúlú ón maslú.

"Oh, that's all right," the man said quickly, backing away from offense.

"Ní raibh mé ach ag smaoineamh—bhí cuma róthrom air domsa."

"I was only wondering—it just looked a bit too top-heavy to me."

Chas Séarlas uaidh agus cheangail sé an t-ualach síos chomh maith agus a d'fhéadfadh sé.

Charles turned away and tied down the load as best as he could.

Ach bhí na ceangail scaoilte agus an pacáil déanta go dona ar an iomlán.

But the lashings were loose and the packing poorly done overall.

"Cinnte, tarraingeoidh na madraí sin an lá ar fad," a dúirt fear eile go searbhasach.

"Sure, the dogs will pull that all day," another man said sarcastically.

"Ar ndóigh," fhreagair Hal go fuar, ag greim a fháil ar mhaide fhada an tsleamhnáin.

"Of course," Hal replied coldly, grabbing the sled's long gee-pole.

Le lámh amháin ar an cuaille, luascadh sé an fuip sa lámh eile.

With one hand on the pole, he swung the whip in the other.

"A ligean orainn!" a scairt sé. "Bog é!" ag áiteamh ar na madraí tosú.

"Let's go!" he shouted. "Move it!" urging the dogs to start.

Lean na madraí isteach sa úim agus stróic siad ar feadh cúpla nóiméad.

The dogs leaned into the harness and strained for a few moments.

Ansin stad siad, gan a bheith in ann an sled ró-ualaithe a bhogadh orlach amháin.

Then they stopped, unable to budge the overloaded sled an inch.

"Na brúidiúla leisciúla!" a scread Hal, ag ardú an fhuip chun iad a bhualadh.

"The lazy brutes!" Hal yelled, lifting the whip to strike them.

Ach rith Mercedes isteach agus rug sí ar an bhfeip ó lámha Hal.

But Mercedes rushed in and seized the whip from Hal's hands.

"Ó, a Hal, ná bíodh leomh ort iad a ghortú," a scread sí go scanraithe.

"Oh, Hal, don't you dare hurt them," she cried in alarm.

"Geall dom go mbeidh tú cineálta leo, nó ní rachaidh mé céim eile."

"Promise me you'll be kind to them, or I won't go another step."

"Níl tada ar eolas agat faoi mhadraí," arsa Hal go géar lena dheirfiúr.

"You don't know a thing about dogs," Hal snapped at his sister.

"Tá siad leisciúil, agus an t-aon bhealach le bogadh ná iad a bhualadh le fuip."

"They're lazy, and the only way to move them is to whip them."

"Fiafraigh de dhuine ar bith—fiafraigh de dhuine de na fir sin ansin má tá amhras ort fúm."

"Ask anyone—ask one of those men over there if you doubt me."

D'fhéach Mercedes ar na lucht féachana le súile achainíocha, deoracha.

Mercedes looked at the onlookers with pleading, tearful eyes.

Léirigh a haghaidh cé chomh domhain is a bhí fuath aici do radharc aon phian.

Her face showed how deeply she hated the sight of any pain.

"Tá siad lag, sin uile atá ann," a dúirt fear amháin. "Tá siad tuirseach."

"They're weak, that's all," one man said. "They're worn out."

"Teastaíonn scíth uathu—tá siad ag obair rófhada gan sos."

"They need rest—they've been worked too long without a break."

"Go raibh an chuid eile mallaithe," a d'fhreagair Hal go ciúin agus a bhéal casta.

"Rest be cursed," Hal muttered with his lip curled.

Lig Mercedes anáil uaidh, agus í cráite go soiléir ag an bhfocal garbh a dúirt sé.

Mercedes gasped, clearly pained by the coarse word from him.

Mar sin féin, d'fhan sí dílis agus chosain sí a deartháir láithreach.

Still, she stayed loyal and instantly defended her brother.

"Ná bíodh imní ort faoin bhfear sin," a dúirt sí le Hal. "Is iad ár madraí iad."

"Don't mind that man," she said to Hal. "They're our dogs."

"Tiomáin iad mar is cuí leat—déan an rud is ceart duit."

"You drive them as you see fit—do what you think is right."

Thóg Hal an fuip agus bhuail sé na madraí arís gan trócaire.

Hal raised the whip and struck the dogs again without mercy.

Phléasc siad ar aghaidh, a gcorp íseal, a gcosa ag brú isteach sa sneachta.

They lunged forward, bodies low, feet pushing into the snow.

Chuaigh a neart go léir isteach sa tarraingt, ach ní raibh an sled ag bogadh.

All their strength went into the pull, but the sled wasn't moving.

D'fhan an sled sáite, cosúil le ancaire reoite sa sneachta pacáilte.

The sled stayed stuck, like an anchor frozen into the packed snow.

Tar éis an dara hiarracht, stop na madraí arís, ag análú go trom.

After a second effort, the dogs stopped again, panting hard.

Thóg Hal an fuip arís, díreach mar a chuir Mercedes isteach arís.

Hal raised the whip once more, just as Mercedes interfered again.

Thit sí ar a glúine os comhair Buck agus chuir sí barróg ar a mhuineál.

She dropped to her knees in front of Buck and hugged his neck.

Líon deora a súile agus í ag achainí leis an madra tuirseach.

Tears filled her eyes as she pleaded with the exhausted dog.

"A dhaoine bochta," a dúirt sí, "cén fáth nach dtarraingíonn sibh níos deacra?"

"You poor dears," she said, "why don't you just pull harder?"

"Mura dtarraingeoidh tú, ní bheidh tú á bhualadh mar seo."

"If you pull, then you won't get to be whipped like this."

Níor thaitin Mercedes le Buck, ach bhí sé ró-thuirseach le cur ina coinne anois.

Buck disliked Mercedes, but he was too tired to resist her now.

Ghlac sé lena deora mar chuid eile den lá trua.

He accepted her tears as just another part of the miserable day.

Labhair duine de na fir a bhí ag faire faoi dheireadh tar éis dó a fhearg a choinneáil siar.

One of the watching men finally spoke after holding back his anger.

"Is cuma liom cad a tharlaíonn daoibhse, ach tá tábhacht leis na madraí sin."

"I don't care what happens to you folks, but those dogs matter."

"Más mian leat cabhrú, scaoil an sled sin saor—tá sé reoite leis an sneachta."

"If you want to help, break that sled loose—it's frozen to the snow."

"Brúigh go crua ar an bpoll gee, ar dheis agus ar chlé, agus bris an séala oighir."

"Push hard on the gee-pole, right and left, and break the ice seal."

Rinneadh an tríú iarracht, an uair seo de réir mholadh an fhir.

A third attempt was made, this time following the man's suggestion.

Luasc Hal an sled ó thaobh go taobh, ag scaoileadh na reathaithe saor.

Hal rocked the sled from side to side, breaking the runners loose.

Cé go raibh an sled ró-ualaithe agus aisteach, bhog sé ar aghaidh sa deireadh.

The sled, though overloaded and awkward, finally lurched forward.

Tharraing Buck agus na daoine eile go fiáin, á dtiomáint ag stoirm buillí feada.

Buck and the others pulled wildly, driven by a storm of whiplashes.

Céad slat chun tosaigh, bhí an cosán ag lúbadh agus ag dul chun fána isteach sa tsráid.

A hundred yards ahead, the trail curved and sloped into the street.

Bheadh tiománaí oilte ag teastáil chun an sled a choinneáil ina sheasamh.

It was going to have taken a skilled driver to keep the sled upright.

Ní raibh Hal oilte, agus chlaon an sled agus é ag luascadh timpeall an choirnéil.

Hal was not skilled, and the sled tipped as it swung around the bend.

Thug na ceangail scaoilte bealach, agus doirte leath an ualaigh ar an sneachta.

Loose lashings gave way, and half the load spilled onto the snow.

Níor stop na madraí; d'eitil an sled níos éadroime ar a thaobh.

The dogs did not stop; the lighter sled flew along on its side.

Feargach ón mí-úsáid agus an t-ualach trom, rith na madraí níos tapúla.

Angry from abuse and the heavy burden, the dogs ran faster.

Le buile mhór, thosaigh Buck ag rith, agus an fhoireann ina dhiaidh.

Buck, in fury, broke into a run, with the team following behind.

Ghlaodh Hal "Ú! Ú!" ach níor thug an fhoireann aird ar bith air.

Hal shouted "Whoa! Whoa!" but the team paid no attention to him.

Thit sé, thuit sé, agus tarraingíodh é feadh na talún leis an úim.

He tripped, fell, and was dragged along the ground by the harness.

Bhuail an sled bun os cionn air agus na madraí ag rásaíocht ar aghaidh.

The overturned sled bumped over him as the dogs raced on ahead.

Scaipeadh an chuid eile de na soláthairtí ar fud shráid ghnóthach Skaguay.

The rest of the supplies scattered across Skaguay's busy street.

Rith daoine cineálta chun na madraí a stopadh agus an trealamh a bhailiú.

Kind-hearted people rushed to stop the dogs and gather the gear.

Thug siad comhairle, lom agus praiticiúil, do na taistealaithe nua freisin.

They also gave advice, blunt and practical, to the new travelers.

"Más mian leat Dawson a bhaint amach, tóg leath an ualaigh agus líon na madraí faoi dhó."

"If you want to reach Dawson, take half the load and double the dogs."

D'éist Hal, Charles, agus Mercedes, cé nach raibh siad díograiseach.

Hal, Charles, and Mercedes listened, though not with enthusiasm.

Chuir siad suas a bpuball agus thosaigh siad ag sórtáil a gcuid soláthairtí.

They pitched their tent and started sorting through their supplies.

Tháinig earraí stánaithe amach, rud a chuir na lucht féachana ag gáire os ard.

Out came canned goods, which made onlookers laugh aloud.

"Rudaí stánaithe ar an gcosán? Gheobhaidh tú bás den ocras sula leáfaidh sin," a dúirt duine amháin.

"Canned stuff on the trail? You'll starve before that melts," one said.

"Blancáidí óstáin? Is fearr duit iad a chaitheamh amach go léir."

"Hotel blankets? You're better off throwing them all out."

"Fág an puball uait freisin, agus ní níonn aon duine miasa anseo."

"Ditch the tent, too, and no one washes dishes here."

"An gceapann tú go bhfuil tú ag taisteal ar thraein Pullman le seirbhísigh ar bord?"

"You think you're riding a Pullman train with servants on board?"

Thosaigh an próiseas—caitheadh gach rud gan úsáid ar leataobh.

The process began—every useless item was tossed to the side.

Chaoin Mercedes nuair a folmhaíodh a málaí ar an talamh sneachta.

Mercedes cried when her bags were emptied onto the snowy ground.

Lig sí gol faoi gach rud a caitheadh amach, ceann ar cheann gan sos.

She sobbed over every item thrown out, one by one without pause.

Gheall sí nach rachadh sí céim amháin eile—fiú ar feadh deichniúr Charles.

She vowed not to go one more step—not even for ten Charleses.

D'impigh sí ar gach duine in aice láimhe ligean di a cuid rudaí luachmhara a choinneáil.

She begged each person nearby to let her keep her precious things.

Faoi dheireadh, chuimil sí a súile agus thosaigh sí ag caitheamh fiú éadaí ríthábhachtacha.

At last, she wiped her eyes and began tossing even vital clothes.

Nuair a bhí sí críochnaithe lena cuid féin, thosaigh sí ag folmhú soláthairtí na bhfear.

When done with her own, she began emptying the men's supplies.

Cosúil le corrghaoth, stróic sí trí shealúchais Charles agus Hal.

Like a whirlwind, she tore through Charles and Hal's belongings.

Cé gur laghdaíodh an t-ualach faoi leath, bhí sé fós i bhfad níos troime ná mar a bhí gá leis.

Though the load was halved, it was still far heavier than needed.

An oíche sin, chuaigh Charles agus Hal amach agus cheannaigh siad sé mhadra nua.

That night, Charles and Hal went out and bought six new dogs.

Chuaigh na madraí nua seo isteach sa seisear bunaidh, móide Teek agus Koona.

These new dogs joined the original six, plus Teek and Koona.

Le chéile rinne siad foireann de cheithre mhadra déag ceangailte den sled.

Together they made a team of fourteen dogs hitched to the sled.

Ach ní raibh na madraí nua oiriúnach agus droch-oilte le haghaidh obair sled.

But the new dogs were unfit and poorly trained for sled work.

Bhí trí cinn de na madraí ina madraí pointeora gearrfhionga, agus ba Newfoundland ceann acu.

Three of the dogs were short-haired pointers, and one was a Newfoundland.

Ba mhutáin iad an dá mhadra dheireanacha gan aon phór ná cuspóir soiléir ar chor ar bith.

The final two dogs were mutts of no clear breed or purpose at all.

Níor thuig siad an cosán, agus níor fhoghlaim siad go tapaidh é.

They didn't understand the trail, and they didn't learn it quickly.

D'fhéach Buck agus a chairde orthu le tarcaisne agus le greann domhain.

Buck and his mates watched them with scorn and deep irritation.

Cé gur mhúin Buck dóibh cad nár cheart dóibh a dhéanamh, ní raibh sé in ann dualgas a mhúineadh dóibh.

Though Buck taught them what not to do, he could not teach duty.

Níor thaitin an saol ar shiúl ná tarraingt na sreinge agus na sleamhnán leo.

They didn't take well to trail life or the pull of reins and sleds.

Ní dhearna ach na mongrel iarracht oiriúnú, agus ní raibh spiorad troda acu fiú.

Only the mongrels tried to adapt, and even they lacked fighting spirit.

Bhí na madraí eile mearbhall, lagaithe, agus briste ag a saol nua.

The other dogs were confused, weakened, and broken by their new life.

Agus na madraí nua gan leid agus na cinn aosta tuirseach, bhí an dóchas tanaí.

With the new dogs clueless and the old ones exhausted, hope was thin.

Bhí cúig chéad is fiche míle de chosán garbh clúdaithe ag foireann Buck.

Buck's team had covered twenty-five hundred miles of harsh trail.

Mar sin féin, bhí an bheirt fhear lán le lúcháir agus bród as a bhfoireann mhór madraí.

Still, the two men were cheerful and proud of their large dog team.

Cheap siad go raibh siad ag taisteal le stíl, agus ceithre mhadra déag ceangailte.

They thought they were traveling in style, with fourteen dogs hitched.

Bhí siad tar éis sledanna a fheiceáil ag imeacht go Dawson, agus cinn eile ag teacht uaidh.

They had seen sleds leave for Dawson, and others arrive from it.

Ach ní fhaca siad riamh ceann á tharraingt ag ceithre mhadra déag.

But never had they seen one pulled by as many as fourteen dogs.

Bhí cúis ann go raibh foirne den sórt sin annamh i bhfásach an Artaigh.

There was a reason such teams were rare in the Arctic wilderness.

Ní fhéadfadh aon sled dóthain bia a iompar chun ceithre mhadra déag a bheathú don turas.

No sled could carry enough food to feed fourteen dogs for the trip.

Ach ní raibh a fhios sin ag Charles agus Hal—bhí an mhatamaitic déanta acu.

But Charles and Hal didn't know that—they had done the math.

Scríobh siad amach an bia le peann luaidhe: an oiread sin in aghaidh an mhadra, an oiread sin laethanta, déanta.

They penciled out the food: so much per dog, so many days, done.

D'fhéach Mercedes ar a gcuid figiúirí agus chroith sí a ceann amhail is dá mba rud é go raibh ciall leis.

Mercedes looked at their figures and nodded as if it made sense.

Bhí an chuma ar an scéal go raibh sé an-simplí di, ar a laghad ar pháipéar.

It all seemed very simple to her, at least on paper.

An mhaidin dár gcionn, threoraigh Buck an fhoireann go mall suas an tsráid sneachta.

The next morning, Buck led the team slowly up the snowy street.

Ní raibh aon fhuinneamh ná spiorad ann ná sna madraí ina dhiaidh.

There was no energy or spirit in him or the dogs behind him.

Bhí siad marbh-thuirseach ón tús—ní raibh aon chúltaca fágtha.

They were dead tired from the start—there was no reserve left.

Bhí ceithre thuras déanta ag Buck idir Salt Water agus Dawson cheana féin.

Buck had made four trips between Salt Water and Dawson already.

Anois, agus an rian céanna os a chomhair arís, níor mhothaigh sé aon rud ach searbhas.

Now, faced with the same trail again, he felt nothing but bitterness.

Ní raibh a chroí ann, ná ní raibh croíthe na madraí eile ann ach an oiread.

His heart was not in it, nor were the hearts of the other dogs.

Bhí na madraí nua cúthail, agus ní raibh aon mhuinín ag na huskies astu.

The new dogs were timid, and the huskies lacked all trust.

Bhraith Buck nach bhféadfadh sé brath ar an mbeirt fhear seo ná ar a ndeirfiúr.

Buck sensed he could not rely on these two men or their sister.

Ní raibh aon rud ar eolas acu agus ní raibh aon chomhartha foghlama le feiceáil ar an gcosán.

They knew nothing and showed no signs of learning on the trail.

Bhí siad neamh-eagraithe agus ní raibh aon chiall smachta acu.

They were disorganized and lacked any sense of discipline.

Thóg sé leath na hoíche orthu campa slodach a chur ar bun gach uair.

It took them half the night to set up a sloppy camp each time.

Agus leath na maidine dár gcionn chaith siad ag preabadh leis an sled arís.

And half the next morning they spent fumbling with the sled again.

Faoi mheán lae, is minic a stopadh siad díreach chun an t-ualach míchothrom a shocrú.

By noon, they often stopped just to fix the uneven load.

Ar laethanta áirithe, thaistil siad níos lú ná deich míle san iomlán.

On some days, they traveled less than ten miles in total.

Laethanta eile, níor éirigh leo an campa a fhágáil ar chor ar bith.

Other days, they didn't manage to leave camp at all.

Níor tháinig siad gar riamh don achar bia a bhí beartaithe acu a chlúdach.

They never came close to covering the planned food-distance.

Mar a bhíothas ag súil leis, rith ganntanas bia do na madraí go han-tapa.

As expected, they ran short on food for the dogs very quickly.

Rinne siad cúrsaí níos measa trí ró-bheathú a thabhairt sna laethanta tosaigh.

They made matters worse by overfeeding in the early days.

Thug sé seo an gorta níos gaire le gach réasúnaíocht faillíoch.

This brought starvation closer with every careless ration.

Ní raibh na madraí nua tar éis foghlaim conas maireachtáil ar bheagán.

The new dogs had not learned to survive on very little.

D'ith siad go hocrach, agus goile rómhór acu don chosán.

They ate hungrily, with appetites too large for the trail.

Agus na madraí ag lagú feicthe aige, chreid Hal nach raibh an bia leordhóthanach.

Seeing the dogs weaken, Hal believed the food wasn't enough.

Dhúblaigh sé na bianna, rud a rinne an botún níos measa fós.

He doubled the rations, making the mistake even worse.

Chuir Mercedes leis an bhfadhb le deora agus le hachainí boga.

Mercedes added to the problem with tears and soft pleading.

Nuair nárbh fhéidir léi Hal a chur ina luí, thug sí bia do na madraí i rún.

When she couldn't convince Hal, she fed the dogs in secret.

Ghoid sí ó na málaí éisc agus thug sí dóibh é taobh thiar dá dhroim.

She stole from the fish sacks and gave it to them behind his back.

Ach ní raibh níos mó bia ag teastáil ó na madraí i ndáiríre —
sosa a bhí de dhíth orthu.

But what the dogs truly needed wasn't more food—it was rest.

Bhí droch-am á dhéanamh acu, ach lean an sled trom ar
aghaidh.

They were making poor time, but the heavy sled still dragged
on.

Bhí an meáchan sin amháin ag draenáil a neart a bhí fágtha
acu gach lá.

That weight alone drained their remaining strength each day.

Ansin tháinig an céim den tearcbheathú de réir mar a bhí na
soláthairtí ag rith gann.

Then came the stage of underfeeding as the supplies ran low.

Thuig Hal maidin amháin go raibh leath den bhia madra
imithe cheana féin.

Hal realized one morning that half the dog food was already
gone.

Ní raibh ach ceathrú den achar iomlán conaire taistealaithe
acu.

They had only traveled a quarter of the total trail distance.

Ní fhéadfaí a thuilleadh bia a cheannach, is cuma cén
praghas a tairgeadh.

No more food could be bought, no matter what price was
offered.

Laghdaigh sé codanna na madraí faoi bhun an ghnáthchaint
laethúil.

He reduced the dogs' portions below the standard daily
ration.

Ag an am céanna, d'éiligh sé taisteal níos faide chun an
caillteanas a chúiteamh.

At the same time, he demanded longer travel to make up for
loss.

Thacaigh Mercedes agus Charles leis an bplean seo, ach
theip orthu ina chur i gcrích.

Mercedes and Charles supported this plan, but failed in
execution.

Rinne a sleamhnán trom agus a easpa scile dul chun cinn beagnach dodhéanta.

Their heavy sled and lack of skill made progress nearly impossible.

Bhí sé éasca níos lú bia a thabhairt, ach bhí sé dodhéanta níos mó iarrachta a chur i bhfeidhm.

It was easy to give less food, but impossible to force more effort.

Ní fhéadfaidís tosú go luath, ná ní fhéadfaidís taisteal ar feadh uaireanta breise ach an oiread.

They couldn't start early, nor could they travel for extra hours.

Ní raibh a fhios acu conas na madraí a oibriú, ná iad féin, ar an ábhar sin.

They didn't know how to work the dogs, nor themselves, for that matter.

Ba é Dub, an gadaí mí-ádhúil ach dícheallach, an chéad mhadra a fuair bás.

The first dog to die was Dub, the unlucky but hardworking thief.

Cé gur minic a pionósaíodh é, rinne Dub a chuid oibre gan ghearán.

Though often punished, Dub had pulled his weight without complaint.

D'éirigh a ghualainn gortaithe níos measa gan cúram ná gan scíth a bheith ag teastáil uaidh.

His injured shoulder grew worse without care or needed rest.

Ar deireadh, d'úsáid Hal an reibilféar chun deireadh a chur le fulaingt Dub.

Finally, Hal used the revolver to end Dub's suffering.

Deir seanfhocal coitianta go bhfaigheann madraí gnáth bás ar bhia husky.

A common saying claimed that normal dogs die on husky rations.

Ní raibh ach leath sciar an husky de bhia ag seisear compánach nua Buck.

Buck's six new companions had only half the husky's share of food.

Fuair an Talamh Éisc bás ar dtús, agus ansin na trí phointeoir ghearrghruaig.

The Newfoundland died first, then the three short-haired pointers.

D'fhan an dá mhongrel níos faide ach fuair siad bás sa deireadh cosúil leis an gcuid eile.

The two mongrels held on longer but finally perished like the rest.

Faoin am seo, bhí gach saoráid agus cineáltas a bhain leis an Southland imithe.

By this time, all the amenities and gentleness of the Southland were gone.

Bhí rian deireanach a n-óige sibhialta caite ag an triúr.

The three people had shed the last traces of their civilized upbringing.

Gan aon ghlamour agus rómánsaíocht, tháinig an taisteal Artach chun bheith ina réaltacht bhrúidiúil.

Stripped of glamour and romance, Arctic travel became brutally real.

Ba réaltacht ró-ghéar í dá dtuiscint ar fhiriúlacht agus ar mhnálacht.

It was a reality too harsh for their sense of manhood and womanhood.

Ní raibh Mercedes ag caoineadh ar son na madraí a thuilleadh, ach anois ní raibh sí ag caoineadh ach ar son féin.

Mercedes no longer wept for the dogs, but now wept only for herself.

Chaith sí a cuid ama ag caoineadh agus ag argóint le Hal agus Charles.

She spent her time crying and quarreling with Hal and Charles.

Ba é an t-aon rud nach raibh siad ró-thuirseach le déanamh riamh ná argóint.

Quarreling was the one thing they were never too tired to do.

Tháinig a n-irritaitheacht ón anró, d'fhás sé leis, agus sháraigh sé é.

Their irritability came from misery, grew with it, and surpassed it.

Níor tháinig foighne na conaire, ar a bhfuil aithne ag na daoine a shaothraíonn agus a fhulaingíonn go cineálta, riamh.

The patience of the trail, known to those who toil and suffer kindly, never came.

Ní raibh an fhoighne sin ar eolas acu, a choinníonn an chaint milis trí phian.

That patience, which keeps speech sweet through pain, was unknown to them.

Ní raibh aon leid foighne acu, ná aon neart a fuarthas ó fhulaingt le grásta.

They had no hint of patience, no strength drawn from suffering with grace.

Bhí siad righin le pian—ag pianta ina matáin, ina gcnámha agus ina gcroí.

They were stiff with pain—aching in their muscles, bones, and hearts.

Mar gheall air seo, d'fhás siad géar ina dteanga agus mear le focail gharbha.

Because of this, they grew sharp of tongue and quick with harsh words.

Thosaigh agus chríochnaigh gach lá le guthanna feargacha agus gearáin searbha.

Each day began and ended with angry voices and bitter complaints.

Bhíodh argóint idir Charles agus Hal aon uair a thug Mercedes deis dóibh.

Charles and Hal wrangled whenever Mercedes gave them a chance.

Chreid gach fear gur dhein sé níos mó ná a sciar cothrom den obair.

Each man believed he did more than his fair share of the work.

Níor chaill ceachtar acu deis riamh é sin a rá, arís agus arís eile.

Neither ever missed a chance to say so, again and again.

Uaireanta thabharfadh Mercedes aird ar Charles, uaireanta ar Hal.

Sometimes Mercedes sided with Charles, sometimes with Hal.

Mar thoradh air seo, tharla achrann mór gan chríoch i measc an triúr.

This led to a grand and endless quarrel among the three.

D'éirigh aighneas faoi cé ba chóir connadh a ghearradh as smacht.

A dispute over who should chop firewood grew out of control.

Go gairid, ainmníodh aithreacha, máithreacha, col ceathracha, agus gaolta marbha.

Soon, fathers, mothers, cousins, and dead relatives were named.

Ba chuid den troid tuairimí Hal ar ealaín nó ar dhrámaí a uncail.

Hal's views on art or his uncle's plays became part of the fight.

Bhí tuairimí polaitiúla Charles páirteach sa díospóireacht freisin.

Charles's political beliefs also entered the debate.

Do Mercedes, ba chosúil go raibh fiú ráflaí deirfiúracha a fir chéile ábhartha.

To Mercedes, even her husband's sister's gossip seemed relevant.

Léirigh sí a tuairimí faoi sin agus faoi go leor de lochtanna theaghlach Charles.

She aired opinions on that and on many of Charles's family's flaws.

Cé go raibh siad ag argóint, d'fhan an tine gan lasadh agus an campa leath-sholáthaithe.

While they argued, the fire stayed unlit and camp half set.

Idir an dá linn, bhí na madraí fuar agus gan aon bhia.

Meanwhile, the dogs remained cold and without any food.

Bhí gearán ag Mercedes a mheas sí a bheith an-phearsanta.

Mercedes held a grievance she considered deeply personal.

Mhothaigh sí gur tugadh drochíde di mar bhean, gur diúltaíodh a pribhléidí míne di.

She felt mistreated as a woman, denied her gentle privileges.

Bhí sí deas agus bog, agus cleachtadh ridireachta aici ar feadh a saoil.

She was pretty and soft, and used to chivalry all her life.

Ach chaith a fear céile agus a deartháir léi le mífhoighne anois.

But her husband and brother now treated her with impatience.

Ba nós léi gníomhú gan chabhair, agus thosaigh siad ag gearán.

Her habit was to act helpless, and they began to complain.

Mar gheall air seo, rinne sí a saol níos deacra fós.

Offended by this, she made their lives all the more difficult.

Rinne sí neamhaird de na madraí agus d'áitigh sí ar an sled a thiomáint í féin.

She ignored the dogs and insisted on riding the sled herself.

Cé go raibh sí éadrom ó thaobh cuma de, mheáchan sí céad is fiche punt.

Though light in looks, she weighed one hundred twenty pounds.

Bhí an t-ualach breise sin ró-throm do na madraí laga, ocracha.

That added burden was too much for the starving, weak dogs.

Mar sin féin, bhí sí ag marcaíocht ar feadh laethanta, go dtí gur thit na madraí sna sreanga.

Still, she rode for days, until the dogs collapsed in the reins.

Sheas an sled go socair, agus impigh Charles agus Hal uirthi siúl.

The sled stood still, and Charles and Hal begged her to walk.

D'impigh agus d'impigh siad, ach ghuil sí agus dúirt sí go raibh siad cruálach.

They pleaded and entreated, but she wept and called them cruel.

Uair amháin, tharraing siad í den sled le fórsa agus le fearg lom.

On one occasion, they pulled her off the sled with sheer force and anger.

Ní dhearna siad iarracht arís riamh tar éis an méid a tharla an uair sin.

They never tried again after what happened that time.

Chuaigh sí bacach cosúil le leanbh millte agus shuigh sí sa sneachta.

She went limp like a spoiled child and sat in the snow.

Bhog siad ar aghaidh, ach dhiúltaigh sí éirí ná leanúint ina ndiaidh.

They moved on, but she refused to rise or follow behind.

Tar éis trí mhíle, stop siad, d'fhill siad, agus d'iompair siad ar ais í.

After three miles, they stopped, returned, and carried her back.

D'athluchtaigh siad í ar an sled, ag baint úsáide as neart brúidiúil arís.

They reloaded her onto the sled, again using brute strength.

Ina n-anáchaoll domhain, bhí siad cruálach i leith fhulaingt na madraí.

In their deep misery, they were callous to the dogs' suffering.

Chreid Hal gur cheart duine a bheith crúaite agus chuir sé an creideamh sin i bhfeidhm ar dhaoine eile.

Hal believed one must get hardened and forced that belief on others.

Rinne sé iarracht ar dtús a fhealsúnacht a shearmonú dá dheirfiúr

He first tried to preach his philosophy to his sister

agus ansin, gan rath, sheanmóir sé dá dheartháir céile.

and then, without success, he preached to his brother-in-law.

Bhí níos mó ratha aige leis na madraí, ach sin amháin toisc gur ghortaigh sé iad.

He had more success with the dogs, but only because he hurt them.

Ag Five Fingers, rith an bia madra as bia go hiomlán.

At Five Fingers, the dog food ran out of food completely.

Dhíol sean-squay gan fhiacla cúpla punt de chraiceann capaill reoite

A toothless old squaw sold a few pounds of frozen horse-hide

Rinne Hal malartú ar a raidhfil ar an gcraiceann capaill triomaithe.

Hal traded his revolver for the dried horse-hide.

Bhí an fheoil tagtha ó chapaill ocracha nó ó fheirmeoirí eallaigh míonna roimhe sin.

The meat had come from starved horses of cattlemen months before.

Reoite, bhí an craiceann cosúil le hiarann ghalbhánuithe; diana agus do-ite.

Frozen, the hide was like galvanized iron; tough and inedible.

B'éigean do na madraí cogaint gan stad ar an gcraiceann le go n-íosfaí é.

The dogs had to chew endlessly at the hide to eat it.

Ach ní raibh na sreinge leathair agus an ghruaig ghearr ina gcothú ar chor ar bith.

But the leathery strings and short hair were hardly nourishment.

Bhí an chuid is mó den chraiceann greannach, agus ní bia a bhí ann i ndáiríre.

Most of the hide was irritating, and not food in any true sense.

Agus tríd an méid sin ar fad, bhí Buck ag stad ag an tosaigh, amhail is dá mba i dtromluí a bheadh sé.

And through it all, Buck staggered at the front, like in a nightmare.

Tharraing sé nuair a bhí sé in ann; nuair nach raibh, luigh sé go dtí go n-ardódh fuip nó maide é.

He pulled when able; when not, he lay until whip or club raised him.

Bhí a chóta mín, lonrach tar éis gach righneas agus snasta a bhí air tráth a chailleadh.

His fine, glossy coat had lost all stiffness and sheen it once had.

Bhí a chuid gruaige crochta bog, tarraingthe, agus lán le fuil thriomú ó na buillí.

His hair hung limp, draggled, and clotted with dried blood from the blows.

Chrap a matáin ina cordaí, agus bhí a chuid ceapacha feola caite go léir.

His muscles shrank to cords, and his flesh pads were all worn away.

Bhí gach easna, gach cnámh le feiceáil go soiléir trí fhilleadh an chraicinn rocach.

Each rib, each bone showed clearly through folds of wrinkled skin.

Bhí sé croíbhriste, ach ní fhéadfadh croí Buck briseadh.

It was heartbreaking, yet Buck's heart could not break.

Bhí an fear sa gheansaí dearg tar éis é sin a thástáil agus a chruthú i bhfad ó shin.

The man in the red sweater had tested that and proved it long ago.

Mar a bhí sé le Buck, bhí sé amhlaidh freisin le gach duine dá chomhghleacaithe foirne eile.

As it was with Buck, so it was with all his remaining teammates.

Bhí seachtar ann san iomlán, gach ceann acu ina chnámharlach siúil anásta.

There were seven in total, each one a walking skeleton of misery.

Bhí siad gan mothúcháin le feiceáil, gan ach pian i bhfad i gcéin á mhothú acu.

They had grown numb to lash, feeling only distant pain.

Shroich fiú radharc agus fuaim iad go lag, amhail is dá mba trí cheo tiubh.

Even sight and sound reached them faintly, as through a thick fog.

Ní raibh siad leathbheo—cnámha a bhí iontu le splancanna lag istigh iontu.

They were not half alive—they were bones with dim sparks inside.

Nuair a stopadh iad, thit siad i laige cosúil le coirp, a splancanna beagnach imithe.

When stopped, they collapsed like corpses, their sparks almost gone.

Agus nuair a bhuaileadh an fuip nó an club arís, phléasc na spréacha go lag.

And when the whip or club struck again, the sparks fluttered weakly.

Ansin d'éirigh siad, bhog siad ar aghaidh go mall, agus tharraing siad a ngéaga chun tosaigh.

Then they rose, staggered forward, and dragged their limbs ahead.

Lá amháin thit an cineálta Billee agus ní raibh sé in ann éirí ar chor ar bith a thuilleadh.

One day kind Billee fell and could no longer rise at all.

Bhí Hal tar éis a reibilfeoir a thrádáil, agus mar sin d'úsáid sé tua chun Billee a mharú ina ionad.

Hal had traded his revolver, so he used an axe to kill Billee instead.

Bhuail sé ar an ceann é, ansin ghearr sé a chorp saor agus tharraing sé leis é.

He struck him on the head, then cut his body free and dragged it away.

Chonaic Buck é seo, agus chonaic na daoine eile é freisin; bhí a fhios acu go raibh an bás i ngar dóibh.

Buck saw this, and so did the others; they knew death was near.

An lá dár gcionn d'imigh Koona, agus ní raibh ach cúigear madraí fágtha sa fhoireann a bhí ag fáil bháis den ocras.

Next day Koona went, leaving just five dogs in the starving team.

Bhí Joe, nach raibh olc a thuilleadh, rófhada imithe le bheith ar an eolas faoi mhórán ar chor ar bith.

Joe, no longer mean, was too far gone to be aware of much at all.

Ní raibh Pike, gan a bheith ag ligean air go raibh sé gortaithe a thuilleadh, ar éigean a bhí sé feasach.

Pike, no longer faking his injury, was barely conscious.

Bhí Solleks, fós dílis, ag caoineadh nach raibh neart aige le tabhairt.

Solleks, still faithful, mourned he had no strength to give.

Buaileadh Teek den chuid is mó mar gheall ar a úire, ach ag meath go gasta.

Teek was beaten most because he was fresher, but fading fast.

Agus níor choinnigh Buck, a bhí fós i gceannas, ord ná níor chuir sé i bhfeidhm é a thuilleadh.

And Buck, still in the lead, no longer kept order or enforced it.

Leathdall le laige, lean Buck an rian ina aonar.

Half blind with weakness, Buck followed the trail by feel alone.

Aimsir álainn earraigh a bhí ann, ach níor thug aon duine acu faoi deara í.

It was beautiful spring weather, but none of them noticed it.

Gach lá d'éirigh an ghrian níos luaithe agus luíodar níos déanaí ná riamh.

Each day the sun rose earlier and set later than before.

Faoi a trí a chlog ar maidin, bhí breacadh an lae tagtha; mhair an tráthnóna go dtí a naoi.

By three in the morning, dawn had come; twilight lasted till nine.

Bhí na laethanta fada líonta le lonrúil iomlán ghrian an earraigh.

The long days were filled with the full blaze of spring sunshine.

Bhí ciúnas taibhsiúil an gheimhridh athraithe ina chogarnach te.

The ghostly silence of winter had changed into a warm murmur.

Bhí an talamh ar fad ag dúiseacht, beo le lúcháir na n-ainmhithe.

All the land was waking, alive with the joy of living things.

Tháinig an fhuaim ó rud a bhí ina luí marbh agus socair i rith an gheimhridh.

The sound came from what had lain dead and still through winter.

Anois, bhog na rudaí sin arís, ag croitheadh an codladh fada sioc díobh.

Now, those things moved again, shaking off the long frost sleep.

Bhí sú ag ardú trí stoic dorcha na gcrann péine a bhí ag fanacht.

Sap was rising through the dark trunks of the waiting pine trees.

Pléascann saileach agus crainn chritheann bachlóga óga geala ar gach craobhóg.

Willows and aspens burst out bright young buds on each twig.

Chuir toir agus fíniúnacha glas úr orthu agus na coillte ag teacht beo.

Shrubs and vines put on fresh green as the woods came alive.

Bhíodh criceadáin ag ceiliúradh san oíche, agus bhíodh feithidí ag crawláil i ngrian an lae.

Crickets chirped at night, and bugs crawled in daylight sun.

Bhíodh na páitriscí ag béicíl, agus bhuail na cnagairí go domhain sna crainn.

Partridges boomed, and woodpeckers knocked deep in the trees.

Bhí ioraí ag comhrá, bhí éin ag canadh, agus bhí géanna ag crónán os cionn na madraí.

Squirrels chattered, birds sang, and geese honked over the dogs.

Tháinig an t-éanlaith fhiáine i ngéaga géara, ag eitilt aníos ón deisceart.

The wild-fowl came in sharp wedges, flying up from the south.

Ó gach cnoc tháinig ceol sruthán ceilte, ag ruaigeadh.

From every hillside came the music of hidden, rushing streams.

Dhíreoigh agus bhris gach rud, lúbadh agus phléasc sé ar ais i ngluaiseacht.

All things thawed and snapped, bent and burst back into motion.

Rinne an Yukon iarracht mhór slabhraí fuara an oighir reoite a bhriseadh.

The Yukon strained to break the cold chains of frozen ice.

Leáigh an t-oighear faoi, agus leáigh an ghrian é ón taobh thuas.

The ice melted underneath, while the sun melted it from above.

D'osclaíodh poill aeir, leathnaigh scoilteanna, agus thit píosaí isteach san abhainn.

Air-holes opened, cracks spread, and chunks fell into the river.

I measc an tsaoil bhríomhar agus lonrach seo ar fad, bhí na taistealaithe ag stad.

Amid all this bursting and blazing life, the travelers staggered.

Shiúil beirt fhear, bean, agus grúpa huskies amhail is dá mba iad na mairbh a bhí ann.

Two men, a woman, and a pack of huskies walked like the dead.

Bhí na madraí ag titim, ghuil Mercedes, ach bhí sí fós ag marcaíocht ar an sled.

The dogs were falling, Mercedes wept, but still rode the sled.

Mhallaigh Hal go lag, agus phléasc Séarlas trí shúile fliucha.

Hal cursed weakly, and Charles blinked through watering eyes.

Tharla siad ar stad i gcampa John Thornton ag béal Abhainn Bháin.

They stumbled into John Thornton's camp by White River's mouth.

Nuair a stop siad, thit na madraí ina gcodanna, amhail is dá mba rud é go raibh siad go léir marbh.

When they stopped, the dogs dropped flat, as if all struck dead.

Chuimil Mercedes a deora agus d'fhéach sí trasna ar John Thornton.

Mercedes wiped her tears and looked across at John Thornton.

Shuigh Séarlas ar stoc, go mall agus go righin, agus an cosán ag cur as dó.

Charles sat on a log, slowly and stiffly, aching from the trail.

Rinne Hal an chaint agus Thornton ag snoíodóireacht ceann láimhse tua.

Hal did the talking as Thornton carved the end of an axe-handle.

Snoigh sé adhmad beithe agus d'fhreagair sé le freagraí gearra, daingean.

He whittled birch wood and answered with brief, firm replies.

Nuair a fiafraíodh de, thug sé comhairle, agus é cinnte nach leanfaí í.

When asked, he gave advice, certain it wasn't going to be followed.

Mhínigh Hal, "Dúirt siad linn go raibh an t-oighear ar an gcosán ag titim amach."

Hal explained, "They told us the trail ice was dropping out."

"Dúirt siad gur cheart dúinn fanacht san áit seo—ach shroicheamar Abhainn Bhán."

"They said we should stay put—but we made it to White River."

Chríochnaigh sé le ton magúil, amhail is dá mba rud é go raibh sé ag éileamh bua i ndeacracht.

He ended with a sneering tone, as if to claim victory in hardship.

"Agus dúirt siad an fhírinne leat," a d'fhreagair John Thornton go ciúin le Hal.

"And they told you true," John Thornton answered Hal quietly.

"D'fhéadfadh an t-oighear géilleadh ag aon nóiméad—tá sé réidh le titim amach."

"The ice may give way at any moment—it's ready to drop out."

"Ní fhéadfadh ach an t-ádh dall agus na hamadáin teacht slán chomh fada seo."

"Only blind luck and fools could have made it this far alive."

"Deirim leat go díreach, ní chuirfinn mo shaol i mbaol ar son ór Alasca go léir."

"I tell you straight, I wouldn't risk my life for all Alaska's gold."

"Sin toisc nach amadán thú, is dóigh liom," a d'fhreagair Hal.

"That's because you're not a fool, I suppose," Hal answered.

"Mar sin féin, rachaimid ar aghaidh go Dawson." Lig sé a fhuip díom.

"All the same, we'll go on to Dawson." He uncoiled his whip.

"Éirigh suas ansin, a Bhuic! Haigh! Éirigh suas! Gabh ar aghaidh!" a scairt sé go géar.

"Get up there, Buck! Hi! Get up! Go on!" he shouted harshly.

Lean Thornton ar ag snoíodóireacht, agus é ar an eolas nach n-éistfeadh amadáin le réasún.

Thornton kept whittling, knowing fools won't hear reason.

Bhí sé gan tairbhe amadán a stopadh—agus níor athraigh beirt nó triúr amadán tada.

To stop a fool was futile—and two or three fooled changed nothing.

Ach níor bhog an fhoireann nuair a chuala siad ordú Hal.

But the team didn't move at the sound of Hal's command.

Faoin am seo, ní fhéadfadh ach buillí iad a ardú agus tarraingt ar aghaidh.

By now, only blows could make them rise and pull forward.

Phléasc an fuip arís agus arís eile trasna na madraí lagaithe.

The whip snapped again and again across the weakened dogs.

Bhrúigh John Thornton a liopaí go docht agus d'fhéach sé i dtost.

John Thornton pressed his lips tightly and watched in silence.

Ba é Solleks an chéad duine a shnámh ina sheasamh faoin tsúil.

Solleks was the first to crawl to his feet under the lash.

Ansin lean Teek é, ag crith. Lig Joe scread as agus é ag tuisleáil suas.

Then Teek followed, trembling. Joe yelped as he stumbled up.

Rinne Pike iarracht éirí, theip air faoi dhó, agus ansin sheas sé go neamhsheasmhach sa deireadh.

Pike tried to rise, failed twice, then finally stood unsteadily.

Ach luigh Buck san áit ar thit sé, gan corraí ar chor ar bith an uair seo.

But Buck lay where he had fallen, not moving at all this time.

Bhuail an fuip é arís agus arís eile, ach ní dhearna sé aon fhuaim.

The whip slashed him over and over, but he made no sound.

Níor chroith sé ná níor chuir sé i gcoinne, d'fhan sé socair agus ciúin.

He did not flinch or resist, simply remained still and quiet.

Chorraigh Thornton níos mó ná uair amháin, amhail is dá mba rud é go raibh sé ag caint, ach níor rinne.

Thornton stirred more than once, as if to speak, but didn't.

D'fhliuch a shúile, agus fós phléasc an fuip i gcoinne Buck.

His eyes grew wet, and still the whip cracked against Buck.

Faoi dheireadh, thosaigh Thornton ag siúl go mall, gan a bheith cinnte cad a dhéanfadh sé.

At last, Thornton began pacing slowly, unsure of what to do.

Ba é an chéad uair a theip ar Buck, agus tháinig fearg ar Hal.

It was the first time Buck had failed, and Hal grew furious.

Chaith sé an fuip síos agus thog sé an club trom ina ionad.

He threw down the whip and picked up the heavy club instead.

Thit an club adhmaid anuas go crua, ach níor éirigh Buck fós le bogadh.

The wooden club came down hard, but Buck still did not rise to move.

Cosúil lena chomhghleacaithe, bhí sé ró-lag—ach níos mó ná sin.

Like his teammates, he was too weak—but more than that.

Bhí cinneadh déanta ag Buck gan bogadh, is cuma cad a tharlódh ina dhiaidh sin.

Buck had decided not to move, no matter what came next.

Mhothaigh sé rud éigin dorcha agus cinnte ag crochadh díreach roimhe.

He felt something dark and certain hovering just ahead.

Bhuail an t-eagla sin é a luaithe a shroich sé bruach na habhann.

That dread had seized him as soon as he reached the riverbank.

Ní raibh an mothúchán imithe uaidh ó mhothaigh sé an t-oighear ag tanaí faoina lapaí.

The feeling had not left him since he felt the ice thin under his paws.

Bhí rud éigin uafásach ag fanacht leis—bhraith sé é díreach síos an cosán.

Something terrible was waiting—he felt it just down the trail.

Ní raibh sé chun siúl i dtreo an rud uafásaigh sin a bhí rompu.

He wasn't going to walk towards that terrible thing ahead

Ní raibh sé chun géilleadh d'aon ordú a threoródh chuig an rud sin é.

He was not going to obey any command that took him to that thing.

Is ar éigean a bhain pian na mbuilleanna leis anois—bhí sé rófhada uaidh.

The pain of the blows hardly touched him now—he was too far gone.

Bhí splanc na beatha ag lasadh go híseal, maolaithe faoi gach buille cruálach.

The spark of life flickered low, dimmed beneath each cruel strike.

Bhraith a ghéaga i bhfad i gcéin; ba chosúil gur le duine eile a bhí a chorp ar fad.

His limbs felt distant; his whole body seemed to belong to another.

Mhothaigh sé numbness aisteach agus an pian ag imeacht go hiomlán.

He felt a strange numbness as the pain faded out completely.

Ó chian, bhraith sé go raibh sé á bhualadh, ach is ar éigean a raibh a fhios aige.

From far away, he sensed he was being beaten, but barely knew.

D'fhéadfadh sé na torann a chloisteáil go lag, ach ní raibh siad ag déanamh pian i ndáiríre a thuilleadh.

He could hear the thuds faintly, but they no longer truly hurt.

Bhuail na buillí é, ach ní raibh a chorp cosúil lena chorp féin a thuilleadh.

The blows landed, but his body no longer seemed like his own.

Ansin go tobann, gan rabhadh, lig John Thornton scread fiáin amach.

Then suddenly, without warning, John Thornton gave a wild cry.

Bhí sé doiléir, níos mó de ghlao beithíoch ná duine.

It was inarticulate, more the cry of a beast than of a man.

Léim sé ar an bhfear leis an gclub agus bhuail sé Hal siar.

He leapt at the man with the club and knocked Hal backward.

D'eitil Hal amhail is dá mba rud é go raibh crann buailte leis, ag tuirlingt go daingean ar an talamh.

Hal flew as if struck by a tree, landing hard upon the ground.

Scread Mercedes os ard i scaoll agus rug sí ar a haghaidh.

Mercedes screamed aloud in panic and clutched at her face.

Ní dhearna Séarlas ach breathnú air, chuimil sé a shúile, agus d'fhan sé ina shuí.

Charles only looked on, wiped his eyes, and stayed seated.

Bhí a chorp ró-righin le pian le héirí nó le cuidiú sa troid.

His body was too stiff with pain to rise or help in the fight.

Sheas Thornton os cionn Buck, ag crith le fearg, gan a bheith in ann labhairt.

Thornton stood over Buck, trembling with fury, unable to speak.

Chrith sé le buile agus throid sé chun a ghlór a aimsiú tríd.

He shook with rage and fought to find his voice through it.

"Má bhuaileann tú an madra sin arís, maróidh mé thú," a dúirt sé faoi dheireadh.

"If you strike that dog again, I'll kill you," he finally said.

Chuimil Hal fuil as a bhéal agus tháinig sé chun tosaigh arís.

Hal wiped blood from his mouth and came forward again.

"Is é mo mhadra é," a dúirt sé go ciúin. "Gabh as an mbealach, nó déanfaidh mé tú a dheisiú."

"It's my dog," he muttered. "Get out of the way, or I'll fix you."

"Tá mé ag dul go Dawson, agus níl tú ag cur bac orm," a dúirt sé.

"I'm going to Dawson, and you're not stopping me," he added.

Sheas Thornton go daingean idir Buck agus an fear óg feargach.

Thornton stood firm between Buck and the angry young man.

Ní raibh aon rún aige céim a thógáil i leataobh ná ligean do Hal dul thart.

He had no intention of stepping aside or letting Hal pass.

Tharraing Hal amach a scian seilge, fada agus contúirteach ina láimh.

Hal pulled out his hunting knife, long and dangerous in hand.

Scread Mercedes, ansin ghoil, ansin gáire sí i ngealtacht fhiáin.

Mercedes screamed, then cried, then laughed in wild hysteria.

Bhuail Thornton lámh Hal le láimhseáil a tua, go daingean agus go gasta.

Thornton struck Hal's hand with his axe-handle, hard and fast.

Buaileadh an scian scaoilte ó ghreim Hal agus d'eitil sí go dtí an talamh.

The knife was knocked loose from Hal's grip and flew to the ground.

Rinne Hal iarracht an scian a phiocadh suas, agus bhuail Thornton a chnuic arís.

Hal tried to pick the knife up, and Thornton rapped his knuckles again.

Ansin chrom Thornton síos, rug sé ar an scian, agus choinnigh sé í.

Then Thornton stooped down, grabbed the knife, and held it.

Le dhá bhuille gasta den láimhseáil tua, ghearr sé srian Buck.

With two quick chops of the axe-handle, he cut Buck's reins.

Ní raibh aon troid fágtha ag Hal agus sheas sé siar ón madra.

Hal had no fight left in him and stepped back from the dog.

Thairis sin, bhí an dá lámh ag teastáil ó Mercedes anois chun í a choinneáil ina seasamh.

Besides, Mercedes needed both arms now to keep her upright.

Bhí Buck róghar don bhás le bheith úsáideach chun sled a tharraingt arís.

Buck was too near death to be of use for pulling a sled again.

Cúpla nóiméad ina dhiaidh sin, tharraing siad amach, ag dul síos an abhainn.

A few minutes later, they pulled out, heading down the river.

Thóg Buck a cheann go lag agus d'fhéach sé orthu ag imeacht ón mbanc.

Buck raised his head weakly and watched them leave the bank.

Bhí Pike i gceannas ar an bhfoireann, agus Solleks sa chúl sa suíomh rotha.

Pike led the team, with Solleks at the rear in the wheel spot.

Shiúil Joe agus Teek eatarthu, an bheirt acu ag bacach le tuirse.

Joe and Teek walked between, both limping with exhaustion.

Shuigh Mercedes ar an sled, agus rug Hal ar an maide fhada.

Mercedes sat on the sled, and Hal gripped the long gee-pole.

Tharraing Séarlas anuas ar a chúl, a chéimeanna clúmhach agus neamhchinnte.

Charles stumbled behind, his steps clumsy and uncertain.

Ghlúin Thornton le Buck agus bhraith sé go réidh le haghaidh cnámha briste.

Thornton knelt by Buck and gently felt for broken bones.

Bhí a lámha garbh ach bhog siad le cineáltas agus cúram.

His hands were rough but moved with kindness and care.

Bhí corp Buck brúite ach ní raibh aon ghortú buan le feiceáil air.

Buck's body was bruised but showed no lasting injury.

Ní raibh fágtha ach ocras uafásach agus laige beagnach iomlán.

What remained was terrible hunger and near-total weakness.

Faoin am a raibh sé seo soiléir, bhí an sled imithe i bhfad síos an abhainn.

By the time this was clear, the sled had gone far downriver.

D'fhéach fear agus madra ar an sled ag crawláil go mall thar an oighear a bhí ag scoilteadh.

Man and dog watched the sled slowly crawl over the cracking ice.

Ansin, chonaic siad an sled ag dul síos i log.

Then, they saw the sled sink down into a hollow.

D'eitil an cuaille gee suas, agus Hal fós ag cloí leis go neamhbhalbh.

The gee-pole flew up, with Hal still clinging to it in vain.

Shroich scread Mercedes iad trasna an achair fhuar.

Mercedes's scream reached them across the cold distance.

Chas Séarlas agus shiúil sé siar—ach bhí sé rómhall.

Charles turned and stepped back—but he was too late.

Thug leathán oighir iomlán uaidh, agus thit siad go léir tríd.

A whole ice sheet gave way, and they all dropped through.

D'imigh madraí, sled agus daoine as radharc san uisce dubh thíos.

Dogs, sled, and people vanished into the black water below.

Ní raibh fágtha ach poll mór san oighear san áit ar ghabh siad anonn is anall.

Only a wide hole in the ice was left where they had passed.

Bhí bun an chosáin tite amach—díreach mar a thug Thornton rabhadh.

The trail's bottom had dropped out—just as Thornton warned.

D'fhéach Thornton agus Buck ar a chéile, ina dtost ar feadh nóiméid.

Thornton and Buck looked at one another, silent for a moment.

"A dhiabhal bocht," arsa Thornton go bog, agus lig Buck a lámh.

"You poor devil," said Thornton softly, and Buck licked his hand.

Ar mhaithe le Grá Fir
For the Love of a Man

Reoigh John Thornton a chosa i bhfuacht mhí na Nollag roimhe sin.
John Thornton froze his feet in the cold of the previous December.

Chuir a chomhpháirtithe ar a suaimhneas é agus d'fhág siad leis féin é le téarnamh.
His partners made him comfortable and left him to recover alone.

Chuaigh siad suas an abhainn chun rafta logaí sábha a bhailiú do Dawson.
They went up the river to gather a raft of saw-logs for Dawson.

Bhí sé fós ag bacach beagáinín nuair a tharrtháil sé Buck ón mbás.
He was still limping slightly when he rescued Buck from death.

Ach leis an aimsir te ag leanúint, d'imigh fiú an bacach sin.
But with warm weather continuing, even that limp disappeared.

Ina luí cois abhann le linn laethanta fada an earraigh, ghlac Buck scíth.
Lying by the riverbank during long spring days, Buck rested.

D'fhéach sé ar an uisce ag sileadh agus d'éist sé le héin agus le feithidí.
He watched the flowing water and listened to birds and insects.

De réir a chéile, ghnóthaigh Buck a neart ar ais faoin ngrian agus faoin spéir.
Slowly, Buck regained his strength under the sun and sky.

Bhraith sé iontach scíth a ligean tar éis trí mhíle míle a thaisteal.
A rest felt wonderful after traveling three thousand miles.

D'éirigh Buck leisciúil de réir mar a leigheas a chréachtaí agus a líon a chorp amach.

Buck became lazy as his wounds healed and his body filled out.

D'éirigh a matáin daingean, agus d'fhill feoil chun a chnámha a chlúdach.

His muscles grew firm, and flesh returned to cover his bones.

Bhí siad uile ag scíth a ligean—Buck, Thornton, Skeet, agus Nig.

They were all resting—Buck, Thornton, Skeet, and Nig.

D'fhan siad leis an rafta a bhí chun iad a iompar síos go Dawson.

They waited for the raft that was going to carry them down to Dawson.

Setter beag Éireannach ab ea Skeet a rinne cairdeas le Buck.

Skeet was a small Irish setter who made friends with Buck.

Bhí Buck ró-lag agus ró-thinn le cur ina coinne ag a gcéad chruinniú.

Buck was too weak and ill to resist her at their first meeting.

Bhí an tréith leighis ag Skeet atá ag roinnt madraí go nádúrtha.

Skeet had the healer trait that some dogs naturally possess.

Cosúil le máthair chat, lig sí agus ghlan sí créachta amha Buck.

Like a mother cat, she licked and cleaned Buck's raw wounds.

Gach maidin i ndiaidh an bhricfeasta, dhéanfadh sí a cuid oibre cúramach arís.

Every morning after breakfast, she repeated her careful work.

Tháinig Buck ag súil lena cabhair chomh mór agus a bhí sé le cabhair Thornton.

Buck came to expect her help as much as he did Thornton's.

Bhí Nig cairdiúil freisin, ach ní raibh sí chomh hoscailte agus chomh geanúil.

Nig was friendly too, but less open and less affectionate.

Madra mór dubh ab ea Nig, cuid de chú fola agus cuid de chú fia.

Nig was a big black dog, part bloodhound and part deerhound.

Bhí súile ag gáire aige agus dea-nádúr gan teorainn ina spiorad.

He had laughing eyes and endless good nature in his spirit.

Chuir sé iontas ar Buck, níor léirigh ceachtar madra éad air.

To Buck's surprise, neither dog showed jealousy toward him.

Bhí cineáltas John Thornton ag Skeet agus Nig araon.

Both Skeet and Nig shared the kindness of John Thornton.

De réir mar a d'éirigh Buck níos láidre, mheall siad isteach i gcluichí madraí amaideacha é.

As Buck got stronger, they lured him into foolish dog games.

Bhíodh Thornton ag imirt leo go minic freisin, gan a bheith in ann cur i gcoinne a n-áthas.

Thornton often played with them too, unable to resist their joy.

Ar an mbealach spraíúil seo, bhog Buck ó bhreoiteacht go saol nua.

In this playful way, Buck moved from illness to a new life.

Ba leis an ngrá—grá fíor, dóite agus paiseanta—faoi dheireadh.

Love—true, burning, and passionate love—was his at last.

Ní raibh aithne aige riamh ar an gcineál seo grá in eastát Miller.

He had never known this kind of love at Miller's estate.

Le mic an Bhreithimh, bhí obair agus eachtraíocht roinnte aige.

With the Judge's sons, he had shared work and adventure.

Leis na garmhic, chonaic sé bród righin agus boastúil.

With the grandsons, he saw stiff and boastful pride.

Bhí cairdeas measúil aige leis an mBreitheamh Miller féin.

With Judge Miller himself, he had a respectful friendship.

Ach tháinig grá a bhí ina tine, ina mire, agus ina adhradh le Thornton.

But love that was fire, madness, and worship came with Thornton.

Bhí an fear seo tar éis saol Buck a shábháil, agus ba mhór an bhrí sin leis sin féin.

This man had saved Buck's life, and that alone meant a great deal.

Ach níos mó ná sin, ba é John Thornton an cineál máistir idéalach.

But more than that, John Thornton was the ideal kind of master.

Bhíodh fir eile ag tabhairt aire do mhadraí as dualgas nó as riachtanas gnó.

Other men cared for dogs out of duty or business necessity.

Thug John Thornton aire dá mhadraí amhail is dá mba chlann dá chuid iad.

John Thornton cared for his dogs as if they were his children.

Bhí cúram aige orthu mar bhí grá aige dóibh agus ní raibh sé in ann cabhrú leis.

He cared for them because he loved them and simply could not help it.

Chonaic John Thornton níos faide fós ná mar a d'éirigh le formhór na bhfear riamh a fheiceáil.

John Thornton saw even further than most men ever managed to see.

Ní dhearmad sé riamh beannú dóibh go cineálta ná focal misniúil a rá.

He never forgot to greet them kindly or speak a cheering word.

Thaitin sé go mór leis suí síos leis na madraí le haghaidh cainteanna fada, nó "gásach," mar a dúirt sé.

He loved sitting down with the dogs for long talks, or "gassy," as he said.

Thaitin sé leis ceann Buck a ghabháil go garbh idir a lámha láidre.

He liked to seize Buck's head roughly between his strong hands.

Ansin leag sé a cheann féin i gcoinne ceann Buck agus chroith sé go réidh é.

Then he rested his own head against Buck's and shook him gently.

An t-am ar fad, thug sé ainmneacha drochbhéasacha ar Buck a chiallaigh grá do Buck.

All the while, he called Buck rude names that meant love to Buck.

Thug an barróg gharbh sin agus na focail sin áthas domhain do Buck.

To Buck, that rough embrace and those words brought deep joy.

Dhealraigh sé go raibh a chroí ag crith scaoilte le lúcháir ag gach gluaiseacht.

His heart seemed to shake loose with happiness at each movement.

Nuair a léim sé aníos ina dhiaidh sin, bhí cuma gáire ar a bhéal.

When he sprang up afterward, his mouth looked like it laughed.

Lonraigh a shúile go geal agus chrith a scornach le lúcháir gan labhairt.

His eyes shone brightly and his throat trembled with unspoken joy.

Sheas a aoibh gháire go socair sa staid sin mothúchánach agus gean lonrach.

His smile stood still in that state of emotion and glowing affection.

Ansin d'éirigh Thornton go machnamhach, "A Dhia! is beagnach gur féidir leis labhairt!"

Then Thornton exclaimed thoughtfully, "God! he can almost speak!"

Bhí bealach aisteach ag Buck chun grá a chur in iúl a chuir beagnach pian air.

Buck had a strange way of expressing love that nearly caused pain.

Is minic a ghreamaigh sé lámh Thornton go docht ina chuid fiacla.

He often griped Thornton's hand in his teeth very tightly.

Bhí an greim chun rianta doimhne a fhágáil a fhanfadh ar feadh tamaill ina dhiaidh sin.

The bite was going to leave deep marks that stayed for some time after.

Chreid Buck gurbh é an grá na mionnaí sin, agus bhí a fhios ag Thornton an rud céanna.

Buck believed those oaths were love, and Thornton knew the same.

Is minic a léiríodh grá Buck i ndoigh chiúin, beagnach ciúin.

Most often, Buck's love showed in quiet, almost silent adoration.

Cé gur bhain sé an-taitneamh as nuair a rinneadh teagmháil leis nó nuair a labhraíodh leis, níor lorg sé aird.

Though thrilled when touched or spoken to, he did not seek attention.

Bhrúigh Skeet a srón faoi lámh Thornton go dtí gur chuir sé suathadh uirthi.

Skeet nudged her nose under Thornton's hand until he petted her.

Shiúil Nig suas go ciúin agus chuir sé a cheann mór ar ghlúin Thornton.

Nig walked up quietly and rested his large head on Thornton's knee.

Bhí Buck, i gcodarsnacht leis sin, sásta grá a thabhairt ó achar measúil.

Buck, in contrast, was satisfied to love from a respectful distance.

Luigh sé ar feadh uaireanta ag cosa Thornton, airdeallach agus ag faire go géar.

He lied for hours at Thornton's feet, alert and watching closely.

Rinne Buck staidéar ar gach mionsonra d'aghaidh a mháistir agus ar gach gluaiseacht is lú.

Buck studied every detail of his master's face and slightest motion.

Nó bhréag sé níos faide i gcéin, ag déanamh staidéir ar chruth an fhir i dtost.

Or lied farther away, studying the man's shape in silence.

D'fhéach Buck ar gach gluaiseacht bheag, gach athrú i staidiúir nó i ngluaiseacht.

Buck watched each small move, each shift in posture or gesture.

Bhí an nasc seo chomh cumhachtach sin gur tharraing sé súil Thornton go minic.

So powerful was this connection that often pulled Thornton's gaze.

Bhuail sé le súile Buck gan focal, an grá ag lonrú go soiléir tríd.

He met Buck's eyes with no words, love shining clearly through.

Ar feadh tamaill fhada tar éis a shábháil, níor lig Buck Thornton as radharc riamh.

For a long while after being saved, Buck never let Thornton out of sight.

Aon uair a d'fhágfadh Thornton an puball, leanadh Buck go dlúth é amach.

Whenever Thornton left the tent, Buck followed him closely outside.

Bhí eagla ar Buck muinín a chur ann mar gheall ar na máistrí crua go léir sa Tuaisceart.

All the harsh masters in the Northland had made Buck afraid to trust.

Bhí eagla air nach bhféadfadh aon fhear fanacht ina mháistir ar feadh níos mó ná tamall ghairid.

He feared no man could remain his master for more than a short time.

Bhí eagla air go raibh John Thornton chun imeacht as radharc cosúil le Perrault agus François.

He feared John Thornton was going to vanish like Perrault and François.

Fiú san oíche, bhíodh an eagla go gcaillfí é ag cur as do chodladh suaimhneach Buck.

Even at night, the fear of losing him haunted Buck's restless sleep.

Nuair a dhúisigh Buck, shleamhnaigh sé amach sa bhfuacht, agus chuaigh sé go dtí an puball.

When Buck woke, he crept out into the cold, and went to the tent.

D'éist sé go cúramach le fuaim bhog análaithe istigh ann.

He listened carefully for the soft sound of breathing inside.

In ainneoin ghrá domhain Buck do John Thornton, d'fhan an fiáin beo.

Despite Buck's deep love for John Thornton, the wild stayed alive.

Níor imigh an instinct primitive sin, a múscaileadh sa Tuaisceart.

That primitive instinct, awakened in the North, did not disappear.

Thug an grá dúthracht, dílseacht, agus nasc te taobh na tine.

Love brought devotion, loyalty, and the fire-side's warm bond.

Ach choinnigh Buck a chuid instincts fiáine freisin, géar agus airdeallach i gcónaí.

But Buck also kept his wild instincts, sharp and ever alert.

Ní raibh sé ach ina pheata ceansaithe ó thalamh bog na sibhialtachta.

He was not just a tamed pet from the soft lands of civilization.

Ba chréatúr fiáin é Buck a tháinig isteach chun suí cois tine Thornton.

Buck was a wild being who had come in to sit by Thornton's fire.

Bhí cuma madra ó dheas air, ach bhí fiántas ina chónaí ann.

He looked like a Southland dog, but wildness lived within him.

Bhí a ghrá do Thornton rómhór le goid ón bhfear a cheadú.

His love for Thornton was too great to allow theft from the man.

Ach in aon champa eile, ghoidfeadh sé go dána agus gan sos.

But in any other camp, he would steal boldly and without pause.

Bhí sé chomh cliste sin ag goid nach bhféadfadh aon duine é a ghabháil ná a chúiseamh.

He was so clever in stealing that no one could catch or accuse him.

Bhí a aghaidh agus a chorp clúdaithe le coilm ó go leor troideanna san am atá thart.

His face and body were covered in scars from many past fights.

Throid Buck go fíochmhar fós, ach anois throid sé le níos mó seiftiúlachta.

Buck still fought fiercely, but now he fought with more cunning.

Bhí Skeet agus Nig ró-mhín le troid, agus ba le Thornton iad.

Skeet and Nig were too gentle to fight, and they were Thornton's.

Ach aon madra aisteach, is cuma cé chomh láidir nó cróga, ghéill sé.

But any strange dog, no matter how strong or brave, gave way.

Seachas sin, bheadh an madra ag troid le Buck; ag troid ar son a bheatha.

Otherwise, the dog found itself battling Buck; fighting for its life.

Ní raibh trócaire ar bith ag Buck nuair a roghnaigh sé troid i gcoinne madra eile.

Buck had no mercy once he chose to fight against another dog.

Bhí dlí an chlub agus na fang foghlamtha aige go maith sa Tuaisceart.

He had learned well the law of club and fang in the Northland.

Níor thug sé buntáiste suas riamh agus níor tharraing sé siar ón gcath riamh.

He never gave up an advantage and never backed away from battle.

Bhí staidéar déanta aige ar Spitz agus ar na madraí poist agus póilíní is fíochmhaire.

He had studied Spitz and the fiercest dogs of mail and police.

Bhí a fhios aige go soiléir nach raibh aon lár-thalamh i gcath fiáin.

He knew clearly there was no middle ground in wild combat.

Caithfidh sé rialú nó rialaítear é; chiallaigh trócaire a léiriú laige a léiriú.

He must rule or be ruled; showing mercy meant showing weakness.

Ní raibh trócaire anaithnid i saol amh agus brúidiúil na marthanais.

Mercy was unknown in the raw and brutal world of survival.

Measadh gur eagla a bhí ann trócaire a léiriú, agus ba ghasta an bás a bhí mar thoradh ar eagla.

To show mercy was seen as fear, and fear led quickly to death.

Bhí an sean-dlí simplí: maraigh nó maraítear tú, ith nó ithear tú.

The old law was simple: kill or be killed, eat or be eaten.

Tháinig an dlí sin ó dhoimhneacht ama, agus lean Buck go hiomlán é.

That law came from the depths of time, and Buck followed it fully.

Bhí Buck níos sine ná a bhlianta agus líon na n-análacha a thóg sé.

Buck was older than his years and the number of breaths he took.

Cheangail sé an t-am atá thart leis an nóiméad láithreach go soiléir.

He connected the ancient past with the present moment clearly.

Ghluais rithimí doimhne na n-aoiseanna tríd cosúil leis na taoide.

The deep rhythms of the ages moved through him like the tides.

Bhí an t-am ag bualadh ina chuid fola chomh cinnte agus a bhog na séasúir an domhan.

Time pulsed in his blood as surely as seasons moved the earth.

Shuigh sé cois tine Thornton, cófra láidir agus fiacla bána air.

He sat by Thornton's fire, strong-chested and white-fanged.

Bhí a fhionnadh fada ag luascadh, ach taobh thiar de bhí spioraid na madraí fiáine ag faire.

His long fur waved, but behind him the spirits of wild dogs watched.

Chorraigh leath-mhac tíre agus mac tíre iomlána ina chroí agus ina chéadfaí.

Half-wolves and full wolves stirred within his heart and senses.

Bhlais siad a fheoil agus d'ól siad an t-uisce céanna a d'ól seisean.

They tasted his meat and drank the same water that he did.

Shnaois siad an ghaoth taobh leis agus d'éist siad leis an bhforaois.

They sniffed the wind alongside him and listened to the forest.

Chogarnaigh siad bríonna na bhfuaimeanna fiáine sa dorchadas.

They whispered the meanings of the wild sounds in the darkness.

Mhúnlaigh siad a ghiúmar agus threoraigh siad gach ceann dá imoibrithe ciúine.

They shaped his moods and guided each of his quiet reactions.

Luigh siad leis agus é ina chodladh agus ba chuid dá bhrionglóidí doimhne iad.

They lay with him as he slept and became part of his deep dreams.

Shamhlaigh siad leis, thar a cheann, agus chruthaigh siad a spiorad féin.

They dreamed with him, beyond him, and made up his very spirit.

Ghlaoigh spioraid na fiáine chomh láidir sin gur mhothaigh Buck go raibh siad á tharraingt.

The spirits of the wild called so strongly that Buck felt pulled.

Gach lá, d'éirigh an cine daonna agus a n-éilimh níos laige i gcroí Buck.

Each day, mankind and its claims grew weaker in Buck's heart.

Go domhain sa choill, bhí glaoch aisteach agus corraitheach ar tí teacht.

Deep in the forest, a strange and thrilling call was going to rise.

Gach uair a chuala sé an glao, bhraith Buck fonn nárbh fhéidir leis cur ina choinne.

Every time he heard the call, Buck felt an urge he could not resist.

Bhí sé chun casadh ón tine agus ó na cosáin dhaonna buailte.

He was going to turn from the fire and from the beaten human paths.

Bhí sé ar tí tumadh isteach sa choill, ag dul ar aghaidh gan a fhios aige cén fáth.

He was going to plunge into the forest, going forward without knowing why.

Níor chuir sé ceist ar an tarraingt seo, mar bhí an glao domhain agus cumhachtach.

He did not question this pull, for the call was deep and powerful.

Is minic a shroichfeadh sé an scáth glas agus an talamh bog gan teagmháil

Often, he reached the green shade and soft untouched earth

Ach ansin tharraing an grá láidir do John Thornton ar ais chuig an tine é.

But then the strong love for John Thornton pulled him back to the fire.

Ní raibh croí fiáin Buck i ngreim ach ag John Thornton amháin.

Only John Thornton truly held Buck's wild heart in his grasp.

Ní raibh aon luach ná brí buan ag an gcuid eile den chine daonna do Buck.

The rest of mankind had no lasting value or meaning to Buck.

B'fhéidir go molfadh strainséirí é nó go stróicfeadh siad a fhionnadh le lámha cairdiúla.

Strangers might praise him or stroke his fur with friendly hands.

D'fhan Buck gan corraí agus shiúil sé leis de bharr an iomarca gean.

Buck remained unmoved and walked off from too much affection.

Tháinig Hans agus Pete leis an rafta a raibhtear ag fanacht leis le fada.

Hans and Pete arrived with the raft that had long been awaited

Níor thug Buck aird orthu go dtí gur thuig sé go raibh siad gar do Thornton.

Buck ignored them until he learned they were close to Thornton.

Ina dhiaidh sin, d'fhulaing sé iad, ach níor léirigh sé teas iomlán dóibh riamh.

After that, he tolerated them, but never showed them full warmth.

Ghlac sé bia nó cineáltas uathu amhail is dá mba rud é go raibh sé ag déanamh fabhar dóibh.

He took food or kindness from them as if doing them a favor.

Bhí siad cosúil le Thornton—simplí, macánta, agus soiléir ina smaointeoireacht.

They were like Thornton—simple, honest, and clear in thought.

Le chéile thaistil siad go muileann sábhadóireachta Dawson agus an corrán mór

All together they traveled to Dawson's saw-mill and the great eddy

Ar a n-aistear d'fhoghlaim siad tuiscint dhomhain a fháil ar nádúr Buck.

On their journey the learned to understand Buck's nature deeply.

Ní dhearna siad iarracht dlúthchaidreamh a chothú mar a rinne Skeet agus Nig.

They did not try to grow close like Skeet and Nig had done.

Ach níor dhoimhnigh grá Buck do John Thornton ach le himeacht ama.

But Buck's love for John Thornton only deepened over time.

Ní fhéadfadh ach Thornton pacáiste a chur ar dhroim Buck
sa samhradh.

Only Thornton could place a pack on Buck's back in the
summer.

Cibé rud a d'ordaigh Thornton, bhí Buck sásta a dhéanamh
go hiomlán.

Whatever Thornton commanded, Buck was willing to do fully.

Lá amháin, tar éis dóibh Dawson a fhágáil agus dul go dtí
uiscí tosaigh Abhainn Tanana,

One day, after they left Dawson for the headwaters of the
Tanana,

Shuigh an grúpa ar aill a bhí trí throigh ar airde go dtí an
buncharraig lom.

the group sat on a cliff that dropped three feet to bare bedrock.

Shuigh John Thornton in aice leis an imeall, agus luigh
Buck ina aice.

John Thornton sat near the edge, and Buck rested beside him.

Tháinig smaoineamh tobann ar Thornton agus tharraing sé
aird na bhfear.

Thornton had a sudden thought and called the men's
attention.

Shín sé a mhéar trasna na bearna agus thug sé ordú amháin
do Buck.

He pointed across the chasm and gave Buck a single
command.

"Léim, a Bhuic!" a dúirt sé, ag luascadh a láimhe amach thar
an titim.

"Jump, Buck!" he said, swinging his arm out over the drop.

I gceann nóiméid, b'éigean dó greim a fháil ar Buck, a bhí ag
léim chun géilleadh.

In a moment, he had to grab Buck, who was leaping to obey.

Rith Hans agus Pete ar aghaidh agus tharraing siad an bheirt
ar ais go sábháilte.

Hans and Pete rushed forward and pulled both back to safety.

Tar éis don gach rud a bheith thart, agus anáil a ghabháil
acu, labhair Peadar.

After all ended, and they had caught their breath, Pete spoke up.

"Tá an grá dochreidte," a dúirt sé, croite ag dúthracht fhíochmhar an mhadra.

"The love's uncanny," he said, shaken by the dog's fierce devotion.

Chroith Thornton a cheann agus d'fhreagair sé le dáiríreacht socair.

Thornton shook his head and replied with calm seriousness.

"Níl, tá an grá iontach," a dúirt sé, "ach tá sé uafásach freisin."

"No, the love is splendid," he said, "but also terrible."

"Uaireanta, caithfidh mé a admháil, cuireann an cineál seo grá eagla orm."

"Sometimes, I must admit, this kind of love makes me afraid."

Chroith Peadar a cheann agus dúirt sé, "Ní bheadh sé in am dom a bheith ar an bhfear a bhainfeadh leat."

Pete nodded and said, "I'd hate to be the man who touches you."

D'fhéach sé ar Buck agus é ag labhairt, dáiríre agus lán meas.

He looked at Buck as he spoke, serious and full of respect.

"Py Jingo!" arsa Hans go tapaidh. "Mise ach an oiread, ní hea, a dhuine uasail."

"Py Jingo!" said Hans quickly. "Me either, no sir."

Sula raibh deireadh leis an mbliain, tháinig eagla Pete i gcrích ag Circle City.

Before the year ended, Pete's fears came true at Circle City.

Thosaigh fear cruálach darbh ainm Black Burton ag troid sa bheár.

A cruel man named Black Burton picked a fight in the bar.

Bhí fearg agus mailís air, ag ionsaí cos nua.

He was angry and malicious, lashing out at a new tenderfoot.

Tháinig John Thornton isteach, socair agus cineálta mar is gnáth.

John Thornton stepped in, calm and good-natured as always.

Luigh Buck i gcúinne, a cheann síos, ag faire go géar ar Thornton.

Buck lay in a corner, head down, watching Thornton closely.

Bhuail Burton go tobann, agus chuir a bhuille Thornton ag sníomh.

Burton suddenly struck, his punch sending Thornton spinning.

Níor choinnigh ach ráille an bharra é ó thitim go crua ar an talamh.

Only the bar's rail kept him from crashing hard to the ground.

Chuala na faireoirí fuaim nach raibh ina tafann ná ina screadach

The watchers heard a sound that was not bark or yelp

Tháinig béic dhomhain ó Buck agus é ag rith i dtreo an fhir.

a deep roar came from Buck as he launched toward the man.

Chaith Burton a lámh suas agus is ar éigean a shábháil sé a shaol féin.

Burton threw his arm up and barely saved his own life.

Bhuail Buck isteach ann, ag bualadh go cothrom ar an urlár é.

Buck crashed into him, knocking him flat onto the floor.

Ghreim Buck go domhain i lámh an fhir, ansin rith sé i dtreo an scornach.

Buck bit deep into the man's arm, then lunged for the throat.

Ní raibh Burton in ann ach cuid den bhealach a bhac, agus bhí a mhuineál stróicthe.

Burton could only partly block, and his neck was torn open.

Rith fir isteach, ardaigh siad bataí, agus thiomáin siad Buck den fhear fuilteach.

Men rushed in, clubs raised, and drove Buck off the bleeding man.

D'oibrigh máinlia go tapaidh chun stop a chur leis an fhuil ó shreabhadh amach.

A surgeon worked quickly to stop the blood from flowing out.

Shiúil Buck suas agus síos agus dranntán, ag iarraidh ionsaí a dhéanamh arís agus arís eile.

Buck paced and growled, trying to attack again and again.

Níor choinnigh ach clubanna luasctha é ó Burton a bhaint amach.

Only swinging clubs kept him back from reaching Burton.

Glaodh cruinniú mianadóirí agus tionóladh é ansin ar an toirt.

A miners' meeting was called and held right there on the spot.

D'aontaigh siad gur spreagadh Buck agus vótáil siad chun é a scaoileadh saor.

They agreed Buck had been provoked and voted to set him free.

Ach bhí macalla d'ainm fíochmhar Buck le cloisteáil i ngach campa in Alasca anois.

But Buck's fierce name now echoed in every camp in Alaska.

Níos déanaí an fhómhar sin, shábháil Buck Thornton arís ar bhealach nua.

Later that fall, Buck saved Thornton again in a new way.

Bhí an triúr fear ag treorú báid fhada síos rabhtaí garbha.

The three men were guiding a long boat down rough rapids.

Bhí Thornton i gceannas ar an mbád, ag glaoch treoracha chuig an gcladach.

Thornton maned the boat, calling directions to the shoreline.

Rith Hans agus Pete ar tír, agus rópa á choinneáil acu ó chrann go crann.

Hans and Pete ran on land, holding a rope from tree to tree.

Choinnigh Buck luas ar an mbruach, ag faire ar a mháistir i gcónaí.

Buck kept pace on the bank, always watching his master.

In áit ghránna amháin, bhí carraigeacha ag gobadh amach faoin uisce gasta.

At one nasty place, rocks jutted out under the fast water.

Lig Hans an rópa leis, agus stiúraigh Thornton an bád leathan.

Hans let go of the rope, and Thornton steered the boat wide.

Rith Hans go tapa chun an bád a ghabháil arís thar na carraigeacha contúirteacha.

Hans sprinted to catch the boat again past the dangerous rocks.

Chuaigh an bád thar an leac ach bhuail sé cuid níos láidre den sruth.

The boat cleared the ledge but hit a stronger part of the current.

Rug Hans ar an rópa ró-thapa agus tharraing sé an bád as a chothromaíocht.

Hans grabbed the rope too quickly and pulled the boat off balance.

Chas an bád bun os cionn agus bhuail sí isteach sa bhruach, bun aníos.

The boat flipped over and slammed into the bank, bottom up.

Caitheadh Thornton amach agus scuabadh isteach sa chuid is fiáine den uisce é.

Thornton was thrown out and swept into the wildest part of the water.

Ní fhéadfadh aon snámhaí maireachtáil sna huiscí marfacha, rásaíochta sin.

No swimmer could have survived in those deadly, racing waters.

Léim Buck isteach láithreach agus ruaig sé a mháistir síos an abhainn.

Buck jumped in instantly and chased his master down the river.

Tar éis trí chéad slat, shroich sé Thornton faoi dheireadh.

After three hundred yards, he reached Thornton at last.

Rug Thornton ar eireaball Buck, agus chas Buck i dtreo an chladaigh.

Thornton grabbed Buck's tail, and Buck turned for the shore.

Shnámh sé le lán-neart, ag troid i gcoinne tarraingt fhiáin an uisce.

He swam with full strength, fighting the water's wild drag.

Bhog siad síos an abhainn níos tapúla ná mar a d'fhéadfaidís an cladach a bhaint amach.

They moved downstream faster than they could reach the shore.

Chun tosaigh, bhí an abhainn ag borradh níos airde agus í ag titim isteach i rabhtaí marfacha.

Ahead, the river roared louder as it fell into deadly rapids.

Slisnigh carraigeacha tríd an uisce cosúil le fiacla círe ollmhór.

Rocks sliced through the water like the teeth of a huge comb.

Bhí tarraingt an uisce in aice leis an mbraon fiáin agus dosheachanta.

The pull of the water near the drop was savage and inescapable.

Bhí a fhios ag Thornton nach mbeadh siad in ann an cladach a bhaint amach in am.

Thornton knew they could never make the shore in time.

Scríob sé thar charraig amháin, bhris sé trasna ar an dara ceann,

He scraped over one rock, smashed across a second,

Agus ansin bhuail sé le tríú carraig, ag greim uirthi le dhá lámh.

And then he crashed into a third rock, grabbing it with both hands.

Lig sé do Bhuic imeacht agus scairt sé os cionn an bhúir, "Imigh leat, a Bhuic! Imigh leat!"

He let go of Buck and shouted over the roar, "Go, Buck! Go!"

Ní raibh Buck in ann fanacht ar snámh agus scuab an sruth síos é.

Buck could not stay afloat and was swept down by the current.

Throid sé go dian, ag streachailt le casadh, ach ní dhearna sé aon dul chun cinn ar chor ar bith.

He fought hard, struggling to turn, but made no headway at all.

Ansin chuala sé Thornton ag athrá an ordaithe thar bhuaireamh na habhann.

Then he heard Thornton repeat the command over the river's roar.

Sheas Buck amach as an uisce, agus thóg sé a cheann amhail is dá mba rud é go raibh sé ag iarraidh súil dheireanach a chaitheamh air.

Buck reared out of the water, raised his head as if for a last look.

ansin chas sé agus umhlaigh sé, ag snámh i dtreo an chladaigh le diongbháilteacht.

then turned and obeyed, swimming toward the bank with resolve.

Tharraing Pete agus Hans i dtír é ag an nóiméad deireanach.

Pete and Hans pulled him ashore at the final possible moment.

Bhí a fhios acu nach bhféadfadh Thornton greim a choinneáil ar an gcarraig ach ar feadh nóiméid eile.

They knew Thornton could cling to the rock for only minutes more.

Rith siad suas an banc go dtí áit i bhfad os cionn an áit a raibh sé crochta.

They ran up the bank to a spot far above where he was hanging.

Cheangail siad líne an bháid go cúramach le muineál agus guaillí Buck.

They tied the boat's line to Buck's neck and shoulders carefully.

Bhí an rópa teann ach scaoilte go leor le haghaidh análaithe agus gluaiseachta.

The rope was snug but loose enough for breathing and movement.

Ansin chaith siad isteach san abhainn rua, mharfach arís é.

Then they launched him into the rushing, deadly river again.

Shnámh Buck go dána ach chaill sé a uillinn isteach i bhfórsa an tsrutha.

Buck swam boldly but missed his angle into the stream's force.

Chonaic sé rómhall go raibh sé chun imeacht thar Thornton.

He saw too late that he was going to drift past Thornton.

Tharraing Hans an rópa go docht, amhail is dá mba bhád ag dul bun os cionn a bhí i mBuck.

Hans jerked the rope tight, as if Buck were a capsizing boat.

Tharraing an sruth faoi uisce é, agus d'imigh sé faoin dromchla.

The current pulled him under, and he vanished below the surface.

Bhuail a chorp an banc sular tharraing Hans agus Pete amach é.

His body struck the bank before Hans and Pete pulled him out.

Bhí sé leathbháite, agus shlog siad an t-uisce as.

He was half-drowned, and they pounded the water out of him.

Sheas Buck, stad sé, agus thit sé ar an talamh arís.

Buck stood, staggered, and collapsed again onto the ground.

Ansin chuala siad guth Thornton á iompar go lag ag an ngaoth.

Then they heard Thornton's voice faintly carried by the wind.

Cé nach raibh na focail soiléir, bhí a fhios acu go raibh sé i ngar don bhás.

Though the words were unclear, they knew he was near death.

Bhuail fuaim ghlór Thornton Buck cosúil le preab leictreach.

The sound of Thornton's voice hit Buck like an electric jolt.

Léim sé suas agus rith sé suas an bruach, ag filleadh ar an bpointe lainseála.

He jumped up and ran up the bank, returning to the launch point.

Arís cheangail siad an rópa le Buck, agus arís chuaigh sé isteach sa sruthán.

Again they tied the rope to Buck, and again he entered the stream.

An uair seo, shnámh sé go díreach agus go daingean isteach san uisce rua.

This time, he swam directly and firmly into the rushing water.

Lig Hans an rópa amach go seasta agus Peadar ag coinneáil siar é.

Hans let out the rope steadily while Pete kept it from tangling.

Shnámh Buck go dian go dtí go raibh sé líneáilte suas díreach os cionn Thornton.

Buck swam hard until he was lined up just above Thornton.

Ansin chas sé agus rith sé síos cosúil le traein ar lánluas.

Then he turned and charged down like a train in full speed.

Chonaic Thornton é ag teacht, ullamh go docht, agus a airm timpeall a mhuiníl.

Thornton saw him coming, braced, and locked arms around his neck.

Cheangail Hans an rópa go daingean timpeall crainn agus iad araon á dtarraingt faoi.

Hans tied the rope fast around a tree as both were pulled under.

Thit siad faoin uisce, ag bualadh i gcoinne carraigeacha agus smionagar abhann.

They tumbled underwater, smashing into rocks and river debris.

Nóiméad amháin bhí Buck ar a bharr, an nóiméad dár gcionn d'éirigh Thornton ag tarraingt anála.

One moment Buck was on top, the next Thornton rose gasping.

Buailte agus tachtaithe, chas siad i dtreo an chladaigh agus na sábháilteachta.

Battered and choking, they veered to the bank and safety.

Tháinig Thornton chun feasa arís, agus é ina luí trasna ar loga srutha.

Thornton regained consciousness, lying across a drift log.

D'oibrigh Hans agus Pete go dian air chun anáil agus beatha a thabhairt ar ais dó.

Hans and Pete worked him hard to bring back breath and life.

Ba é Buck a chéad smaoineamh, a bhí ina luí gan corraí agus gan corraí.

His first thought was for Buck, who lay motionless and limp.

Lig Nig uaill os cionn chorp Buck, agus lig Skeet a aghaidh go réidh.

Nig howled over Buck's body, and Skeet licked his face gently.

Rinne Thornton scrúdú cúramach ar Buck, agus é tinn agus brúite.

Thornton, sore and bruised, examined Buck with careful hands.

Fuair sé trí easnacha briste, ach ní raibh aon chréachtaí marfacha ar an madra.

He found three ribs broken, but no deadly wounds in the dog.

"Sin é an scéal," a dúirt Thornton. "Campaímid anseo."
Agus rinne siad amhlaidh.

"That settles it," Thornton said. "We camp here." And they did.

D'fhan siad go dtí gur leigheas easnacha Buck agus go bhféadfadh sé siúl arís.

They stayed until Buck's ribs healed and he could walk again.

An geimhreadh sin, rinne Buck cleas a mhéadaigh a chlú tuilleadh.

That winter, Buck performed a feat that raised his fame further.

Bhí sé níos lú cróga ná Thornton a shábháil, ach chomh hiontach céanna.

It was less heroic than saving Thornton, but just as impressive.

I nDawson, bhí soláthairtí ag teastáil ó na comhpháirtithe le haghaidh turas i bhfad i gcéin.

At Dawson, the partners needed supplies for a distant journey.

Bhí siad ag iarraidh taisteal soir, isteach i bhfiántas gan smál.

They wanted to travel East, into untouched wilderness lands.

Rinne gníomh Buck sa Eldorado Saloon an turas sin indéanta.

Buck's deed in the Eldorado Saloon made that trip possible.

Thosaigh sé le fir ag déanamh gaisce faoina gcuid madraí agus deochanna acu.

It began with men bragging about their dogs over drinks.

Rinne clú Buck sprioc dúshlán agus amhrais de.

Buck's fame made him the target of challenges and doubt.

Sheas Thornton, bródúil agus socair, go daingean ag cosaint ainm Buck.

Thornton, proud and calm, stood firm in defending Buck's name.

Dúirt fear amháin go bhféadfadh a mhadra cúig chéad punt a tharraingt go héasca.

One man said his dog could pull five hundred pounds with ease.

Dúirt duine eile sé chéad, agus bhí seacht gcéad ag an tríú duine.

Another said six hundred, and a third bragged seven hundred.

"Pfft!" arsa John Thornton, "Is féidir le Buck sled míle punt a tharraingt."

"Pfft!" said John Thornton, "Buck can pull a thousand pound sled."

Lean Matthewson, Rí Bonanza, ar aghaidh agus thug sé dúshlán dó.

Matthewson, a Bonanza King, leaned forward and challenged him.

"An gceapann tú gur féidir leis an oiread sin meáchain a chur i ngluaiseacht?"

"You think he can put that much weight into motion?"

"Agus an gceapann tú gur féidir leis an meáchan a tharraingt céad slat iomlán?"

"And you think he can pull the weight a full hundred yards?"

D'fhreagair Thornton go socair, "Sea. Tá Buck chomh madrach sin chun é a dhéanamh."

Thornton replied coolly, "Yes. Buck is dog enough to do it."

"Cuirfidh sé míle punt i ngluaiseacht, agus tarraingeoidh sé céad slat é."

"He'll put a thousand pounds into motion, and pull it a hundred yards."

Miongháire mall a rinne Matthewson agus chinntigh sé go gcloisfeadh na fir go léir a chuid focal.

Matthewson smiled slowly and made sure all men heard his words.

"Tá míle dollar agam a deir nach féidir leis. Sin é."

"I've got a thousand dollars that says he can't. There it is."

Chaith sé sac deannaigh óir chomh mór le ispíní ar an mbarra.

He slammed a sack of gold dust the size of sausage on the bar.

Níor dhúirt aon duine focal. D'éirigh an tost trom agus teann timpeall orthu.

Nobody said a word. The silence grew heavy and tense around them.

Tógadh bluff Thornton—más ceann a bhí ann—dáiríre.

Thornton's bluff—if it was one—had been taken seriously.

Mhothaigh sé teas ag ardú ina aghaidh agus fuil ag rith suas go dtí a leicne.

He felt heat rise in his face as blood rushed to his cheeks.

Bhí a theanga imithe chun tosaigh ar a réasún an nóiméad sin.

His tongue had gotten ahead of his reason in that moment.

Ní raibh a fhios aige i ndáiríre an bhféadfadh Buck míle punt a bhogadh.

He truly didn't know if Buck could move a thousand pounds.

Leaththonna! Chuir a mhéid féin tromchúis ar a chroí.

Half a ton! The size of it alone made his heart feel heavy.

Bhí muinín aige i neart Buck agus cheap sé go raibh sé ábalta é.

He had faith in Buck's strength and had thought him capable.

Ach ní raibh sé riamh tar éis aghaidh a thabhairt ar an gcineál seo dúshláin, ní mar seo.

But he had never faced this kind of challenge, not like this.

D'fhéach dosaen fear air go ciúin, ag fanacht le feiceáil cad a dhéanfadh sé.

A dozen men watched him quietly, waiting to see what he'd do.

Ní raibh an t-airgead aige—ní raibh ag Hans ná ag Pete ach an oiread.

He didn't have the money—neither did Hans or Pete.

"Tá sled agam amuigh," a dúirt Matthewson go fuar agus go díreach.

"I've got a sled outside," said Matthewson coldly and direct.

"Tá fiche sac ann, caoga punt an ceann, plúr ar fad."

"It's loaded with twenty sacks, fifty pounds each, all flour.

Mar sin ná lig do sled ar iarraidh a bheith mar leithscéal agat anois," a dúirt sé.

So don't let a missing sled be your excuse now," he added.

Sheas Thornton ina thost. Ní raibh a fhios aige cad iad na focail a déarfadh sé.

Thornton stood silent. He didn't know what words to offer.

D'fhéach sé timpeall ar na haghaidheanna gan iad a fheiceáil go soiléir.

He looked around at the faces without seeing them clearly.

Bhí cuma fear air a bhí reoite i smaointe, ag iarraidh atosú.

He looked like a man frozen in thought, trying to restart.

Ansin chonaic sé Jim O'Brien, cara leis ó laethanta na Mastodon.

Then he saw Jim O'Brien, a friend from the Mastodon days.

Thug an aghaidh aithnidiúil sin misneach dó nárbh eol dó a bheith aige.

That familiar face gave him courage he didn't know he had.

Chas sé agus d'fhiafraigh sé de ghlór íseal, "An féidir leat míle a thabhairt ar iasacht dom?"

He turned and asked in a low voice, "Can you lend me a thousand?"

"Cinnte," arsa Ó Briain, agus sac trom á ligean aige titim leis an ór cheana féin.

"Sure," said O'Brien, dropping a heavy sack by the gold already.

"Ach i ndáiríre, a Sheáin, ní chreidim gur féidir leis an mbeithíoch é seo a dhéanamh."

"But truthfully, John, I don't believe the beast can do this."

Rith gach duine i Saloon Eldorado amach chun an ócáid a fheiceáil.

Everyone in the Eldorado Saloon rushed outside to see the event.

D'fhág siad boird agus deochanna, agus cuireadh na cluichí ar sos fiú.

They left tables and drinks, and even the games were paused.

Tháinig déileálaithe agus cearrbhaigh chun deireadh an gheall dhána a fheiceáil.

Dealers and gamblers came to witness the bold wager's end.

Bhailigh na céadta timpeall an tsled sa tsráid oscailte oighreata.

Hundreds gathered around the sled in the icy open street.

Sheas sled Matthewson le lán ualach málaí plúir.

Matthewson's sled stood with a full load of flour sacks.

Bhí an sled ina shuí ar feadh uaireanta an chloig i dteocht íseal.

The sled had been sitting for hours in minus temperatures.

Bhí reathaithe an sled reoite go docht leis an sneachta pacáilte.

The sled's runners were frozen tight to the packed-down snow.

Thairg na fir corrlach dhá le haon nach bhféadfadh Buck an sled a bhogadh.

Men offered two-to-one odds that Buck could not move the sled.

Bhris aighneas amach faoi cad a chiallaíonn "briseadh amach" i ndáiríre.

A dispute broke out about what "break out" really meant.

Dúirt O'Brien gur cheart do Thornton bonn reoite an sled a scaoileadh.

O'Brien said Thornton should loosen the sled's frozen base.

Ansin d'fhéadfadh Buck "briseadh amach" ó thús soladach, gan ghluaiseacht.

Buck could then "break out" from a solid, motionless start.

D'áitigh Matthewson gur cheart don mhadra na reathaithe a scaoileadh saor freisin.

Matthewson argued the dog must break the runners free too.

D'aontaigh na fir a chuala an geall le tuairim Matthewson.

The men who had heard the bet agreed with Matthewson's view.

Leis an rialú sin, léim na corrlaigh go trí cinn in aghaidh a haon i gcoinne Buck.

With that ruling, the odds jumped to three-to-one against Buck.

Níor tháinig aon duine chun cinn chun glacadh leis na corrlaigh trí le haon a bhí ag dul i méid.

No one stepped forward to take the growing three-to-one odds.

Níor chreid fear amháin go bhféadfadh Buck an éacht mór a dhéanamh.

Not a single man believed Buck could perform the great feat.

Bhí Thornton curtha isteach sa gheall deifir, agus amhras mór air.

Thornton had been rushed into the bet, heavy with doubts.

Anois d'fhéach sé ar an sled agus an fhoireann deich madra in aice leis.

Now he looked at the sled and the ten-dog team beside it.

Nuair a chonaic mé réaltacht na tasca, bhí cuma níos dodhéanta air.

Seeing the reality of the task made it seem more impossible.

Bhí Matthewson lán bróid agus muiníne an nóiméad sin.

Matthewson was full of pride and confidence in that moment.

"Trí cinn le haon!" a scairt sé. "Geallfaidh mé míle eile, a Thornton!"

"Three to one!" he shouted. "I'll bet another thousand, Thornton!

"Cad atá á rá agat?" a dúirt sé, ard go leor le go gcloisfeadh cách é.

What do you say?" he added, loud enough for all to hear.

Léirigh aghaidh Thornton a amhras, ach bhí a spiorad tar éis ardú.

Thornton's face showed his doubts, but his spirit had risen.

Níor thug an spiorad troda sin aird ar na deacrachtaí agus níor eaglaigh sé ar chor ar bith.

That fighting spirit ignored odds and feared nothing at all.

Ghlaoigh sé ar Hans agus ar Pete chun a gcuid airgid go léir a thabhairt chuig an mbord.

He called Hans and Pete to bring all their cash to the table.

Ní raibh mórán fágtha acu—dhá chéad dollar amháin le chéile.

They had little left—only two hundred dollars combined.

Ba é an tsuim bheag seo a saibhreas iomlán le linn amanna crua.

This small sum was their total fortune during hard times.

Mar sin féin, chuir siad an fhortún go léir i gcoinne geall Matthewson.

Still, they laid all of the fortune down against Matthewson's bet.

Dícheangaladh an fhoireann deich madra agus bhog siad ar shiúl ón sled.

The ten-dog team was unhitched and moved away from the sled.

Cuireadh Buck sna sreanga, agus a úim aitheanta air.

Buck was placed in the reins, wearing his familiar harness.

Bhí sé tar éis fuinneamh an tslua a ghabháil agus an teannas a bhraith sé.

He had caught the energy of the crowd and felt the tension.

Ar bhealach éigin, bhí a fhios aige go raibh air rud éigin a dhéanamh do John Thornton.

Somehow, he knew he had to do something for John Thornton.

Bhí daoine ag cogarnaíl le meas faoi fhigiúr bródúil an mhadra.

People murmured with admiration at the dog's proud figure.

Bhí sé caol agus láidir, gan aon unsa breise feola.

He was lean and strong, without a single extra ounce of flesh.

Ba é a mheáchan iomlán céad caoga punt a chumhacht agus a sheasmhacht go léir.

His full weight of hundred fifty pounds was all power and endurance.

Lonraigh cóta Buck cosúil le síoda, tiubh le sláinte agus neart.

Buck's coat gleamed like silk, thick with health and strength.

Dhealraigh sé go raibh an fionnadh feadh a mhuiníl agus a ghuaillí ag ardú agus ag gualainn.

The fur along his neck and shoulders seemed to lift and bristle.

Bhog a mhoen beagáinín, gach ribe gruaige beo lena fhuinneamh mór.

His mane moved slightly, each hair alive with his great energy.

Bhí a bhrollach leathan agus a chosa láidre ag teacht lena chorp trom, diana.

His broad chest and strong legs matched his heavy, tough frame.

Bhí matáin ag craosú faoina chóta, teann agus daingean mar iarann ceangailte.

Muscles rippled under his coat, tight and firm as bound iron.

Bhain fir le lámh air agus mhionnaigh siad go raibh sé tógtha cosúil le meaisín cruach.

Men touched him and swore he was built like a steel machine.

Thit na corrlaigh beagán go dtí dhá cheann le haon i gcoinne an mhadra mhóir.

The odds dropped slightly to two to one against the great dog.

Bhrúigh fear ó Bhinse Skookum ar aghaidh, ag stamair.

A man from the Skookum Benches pushed forward, stuttering.

"Go maith, a dhuine uasail! Tairgim ocht gcéad ar a shon — roimh an tástáil, a dhuine uasail!"

"Good, sir! I offer eight hundred for him—before the test, sir!"

"Ocht gcéad, mar atá sé faoi láthair!" a d'áitigh an fear.

"Eight hundred, as he stands right now!" the man insisted.

Chuaigh Thornton chun tosaigh, rinne sé gáire, agus chroith sé a cheann go socair.

Thornton stepped forward, smiled, and shook his head calmly.

Tháinig Matthewson isteach go tapaidh le guth rabhaidh agus le gruaim.

Matthewson quickly stepped in with a warning voice and frown.

"Caithfidh tú céim siar uaidh," a dúirt sé. "Tabhair spás dó."

"You must step away from him," he said. "Give him space."

D'éirigh an slua ina thost; ní raibh ach cearrbhaigh a bhí fós ag tairiscint dhá phointe in aghaidh a haon.

The crowd grew silent; only gamblers still offered two to one.

Bhí meas ag gach duine ar thógáil Buck, ach bhí an t-ualach ró-mhór.

Everyone admired Buck's build, but the load looked too great.

Ba chosúil go raibh fiche sac plúir—caoga punt meáchain an ceann—i bhfad ró-mhór.

Twenty sacks of flour—each fifty pounds in weight—seemed far too much.

Ní raibh aon duine sásta a mála a oscailt agus a gcuid airgid a chur i mbaol.

No one was willing to open their pouch and risk their money.

Chuaigh Thornton ar a ghlúine le taobh Buck agus rug sé ar a cheann ina dhá lámh.

Thornton knelt beside Buck and took his head in both hands.

Bhrúigh sé a leiceann i gcoinne leiceann Buck agus labhair sé ina chluas.

He pressed his cheek against Buck's and spoke into his ear.

Ní raibh aon chroitheadh súgach ná maslaí grámhara á gcogarnú anois.

There was no playful shaking or whispered loving insults now.

Ní dhearna sé ach cogar bog, "An oiread agus is breá leat mé, a Bhuic."

He only murmured softly, "As much as you love me, Buck."

Lig Buck osna chiúin amach, a dhíograis ar éigean faoi smacht.

Buck let out a quiet whine, his eagerness barely restrained.

D'fhéach na lucht féachana le fiosracht agus teannas san aer.

The onlookers watched with curiosity as tension filled the air.

Bhraith an nóiméad beagnach neamhréadúil, cosúil le rud éigin thar réasún.

The moment felt almost unreal, like something beyond reason.

Nuair a sheas Thornton, ghlac Buck a lámh go réidh ina ghialla.

When Thornton stood, Buck gently took his hand in his jaws.

Bhrúigh sé síos lena chuid fiacla, ansin lig sé dó imeacht go mall agus go réidh.

He pressed down with his teeth, then let go slowly and gently.

Freagra ciúin grá a bhí ann, níor labhraíodh é, ach tuigeadh é.

It was a silent answer of love, not spoken, but understood.

Sheas Thornton siar go maith ón madra agus thug sé an comhartha.

Thornton stepped well back from the dog and gave the signal.

"Anois, a Bhuic," a dúirt sé, agus d'fhreagair Buck le suaimhneas dírithe.

"Now, Buck," he said, and Buck responded with focused calm.

Theann Buck na rianta, ansin scaoil sé iad cúpla orlach.

Buck tightened the traces, then loosened them by a few inches.

Seo an modh a bhí foghlamtha aige; a bhealach chun an sled a bhriseadh.

This was the method he had learned; his way to break the sled.

"Ó!" a scairt Thornton, a ghlór géar sa tost trom.

"Gee!" Thornton shouted, his voice sharp in the heavy silence.

Chas Buck ar dheis agus léim sé lena mheáchan uile.

Buck turned to the right and lunged with all of his weight.

D'imigh an smál, agus bhuail mais iomlán Buck na rianta daingean.

The slack vanished, and Buck's full mass hit the tight traces.

Chrith an sled, agus rinne na reathaithe fuaim bhréan scoilte.

The sled trembled, and the runners made a crisp crackling sound.

"Ha!" a d'ordaigh Thornton, ag athrú treo Buck arís.

"Haw!" Thornton commanded, shifting Buck's direction again.

Rinne Buck an ghluaiseacht arís, ag tarraingt go géar ar chlé an uair seo.

Buck repeated the move, this time pulling sharply to the left.

Phléasc an sled níos airde, na reathaithe ag snapáil agus ag bogadh.

The sled cracked louder, the runners snapping and shifting.

Shleamhnaigh an t-ualach trom beagán ar thaobh an tsneachta reoite.

The heavy load slid slightly sideways across the frozen snow.

Bhí an sled briste saor ó ghreim an chosáin oighreata!

The sled had broken free from the grip of the icy trail!

Choinnigh fir a n-anáil, gan a fhios acu nach raibh siad fiú ag análú.

Men held their breath, unaware they were not even breathing.

"Anois, TARRAING!" a scread Thornton amach trasna an tost reoite.

"Now, PULL!" Thornton cried out across the frozen silence.

Bhí fuaim ghéar ordú Thornton, cosúil le fuaim fuip.

Thornton's command rang out sharp, like the crack of a whip.

Chaith Buck é féin ar aghaidh le léim fíochmhar agus chroitheadh.

Buck hurled himself forward with a fierce and jarring lunge.

Theannadh agus chnapáil a chorp ar fad faoin strus ollmhór.

His whole frame tensed and bunched for the massive strain.

Bhí matáin ag cratadh faoina fhionnadh cosúil le nathracha ag teacht beo.

Muscles rippled under his fur like serpents coming alive.

Bhí a chliabhrach mhór íseal, a cheann sínte ar aghaidh i dtreo an tsleamhnáin.

His great chest was low, head stretched forward toward the sled.

Bhog a lapaí cosúil le tintreach, crúba ag gearradh an talaimh reoite.

His paws moved like lightning, claws slicing the frozen ground.

Gearradh claiseanna domhain agus é ag troid ar son gach orlach den tarraingt.

Grooves were cut deep as he fought for every inch of traction.

Chroith an sled, chrith sé, agus thosaigh sé ag gluaiseacht go mall, míshuaimhneach.

The sled rocked, trembled, and began a slow, uneasy motion.

Shleamhnaigh cos amháin, agus lig fear sa slua osna os ard.

One foot slipped, and a man in the crowd groaned aloud.

Ansin phléasc an sled ar aghaidh i ngluaiseacht gharbh, phreabach.

Then the sled lunged forward in a jerking, rough movement.

Níor stop sé arís—leath-orlach...orlach...dhá orlach eile.

It didn't stop again—half an inch...an inch...two inches more.

D'éirigh na preabadh níos lú de réir mar a thosaigh an sled ag bailiú luas.

The jerks became smaller as the sled began to gather speed.

Go gairid bhí Buck ag tarraingt le cumhacht réidh, chothrom, rollta.

Soon Buck was pulling with smooth, even, rolling power.

Tharraing na fir anáil agus chuimhnigh siad ar deireadh análú arís.

Men gasped and finally remembered to breathe again.

Níor thug siad faoi deara go raibh a n-anáil stadtha le huafás.

They had not noticed their breath had stopped in awe.

Rith Thornton ina dhiaidh, ag glaoch orduithe gearra, suaimhneacha amach.

Thornton ran behind, calling out short, cheerful commands.

Chun tosaigh bhí carn adhmaid tine a mharcáil an t-achar.

Ahead was a stack of firewood that marked the distance.

De réir mar a tháinig Buck i ngar don charn, d'éirigh an béicíl níos airde agus níos airde.

As Buck neared the pile, the cheering grew louder and louder.

Mhéadaigh an béicíl ina torann agus Buck ag dul thar an bpointe deiridh.

The cheering swelled into a roar as Buck passed the end point.

Léim agus bhéic fir, fiú bhris Matthewson amach ag gáire.

Men jumped and shouted, even Matthewson broke into a grin.

D'eitil hataí san aer, caitheadh lámhainní gan smaoineamh ná aidhm.

Hats flew into the air, mittens were tossed without thought or aim.

Rug fir ar a chéile agus chroith siad lámha gan a fhios acu cé.

Men grabbed each other and shook hands without knowing who.

Bhí an slua ar fad ag ceiliúradh go fiáin, lúcháireach.

The whole crowd buzzed in wild, joyful celebration.

Thit Thornton ar a ghlúine in aice le Buck agus a lámha ag crith.

Thornton dropped to his knees beside Buck with trembling hands.

Bhrúigh sé a cheann i gcoinne cheann Buck agus chroith sé go réidh é anonn is anall.

He pressed his head to Buck's and shook him gently back and forth.

Chuala siad siúd a tháinig i ngar dó é ag mallachtú an mhadra le grá ciúin.

Those who approached heard him curse the dog with quiet love.

Mhionnaigh sé ar Buck ar feadh i bhfad—go bog, go te, le mothúchán.

He swore at Buck for a long time—softly, warmly, with emotion.

"Maith, a dhuine uasail! Maith, a dhuine uasail!" a d'éirigh rí Bhinse Skookum go tapaidh.

"Good, sir! Good, sir!" cried the Skookum Bench king in a rush.

"Tabharfaidh mé míle—ní hea, dhá chéad déag—duit don mhadra sin, a dhuine uasail!"

"I'll give you a thousand—no, twelve hundred—for that dog, sir!"

D'éirigh Thornton go mall ina sheasamh, a shúile ag lonrú le mothúchán.

Thornton rose slowly to his feet, his eyes shining with emotion.

Shruth deora go hoscailte síos a leicne gan aon náire.

Tears streamed openly down his cheeks without any shame.

"A dhuine uasail," a dúirt sé le rí Bhinse Skookum, socair agus daingean

"Sir," he said to the Skookum Bench king, steady and firm

"Níl, a dhuine uasail. Is féidir leat dul go hifreann, a dhuine uasail. Sin mo fhreagra deiridh."

"No, sir. You can go to hell, sir. That's my final answer."

Rug Buck ar lámh Thornton go réidh ina ghialla láidre.

Buck grabbed Thornton's hand gently in his strong jaws.

Chroith Thornton go súgach é, an nasc eatarthu chomh dlúth agus a bhí riamh.

Thornton shook him playfully, their bond deep as ever.

Sheas an slua, corraithe ag an nóiméad, siar i dtost.

The crowd, moved by the moment, stepped back in silence.

Ó shin i leith, níor leomh aon duine cur isteach ar an ngrá naofa sin.

From then on, none dared interrupt such sacred affection.

Fuaim an Ghlaoigh
The Sound of the Call

Bhí sé chéad déag dollar tuillte ag Buck i gcúig nóiméad.
Buck had earned sixteen hundred dollars in five minutes.
Lig an t-airgead do John Thornton cuid dá fhiacha a íoc.
The money let John Thornton pay off some of his debts.
Leis an gcuid eile den airgead chuaigh sé soir lena chomhpháirtithe.
With the rest of the money he headed East with his partners.
Bhí siad ag lorg mianach caillte finscéalach, chomh sean leis an tír féin.
They sought a fabled lost mine, as old as the country itself.
Bhí go leor fear ag cuardach an mhianach, ach is beag duine a fuair é riamh.
Many men had looked for the mine, but few had ever found it.
Bhí níos mó ná cúpla fear imithe as radharc le linn an rompu chontúirtigh.
More than a few men had vanished during the dangerous quest.
Bhí an mianach caillte seo fillte i rúndiamhair agus i sean-tragóid araon.
This lost mine was wrapped in both mystery and old tragedy.
Ní raibh a fhios ag aon duine cé hé an chéad fhear a fuair an mianach.
No one knew who the first man to find the mine had been.
Ní luaitear aon duine de réir ainm sna scéalta is sine.
The oldest stories don't mention anyone by name.
Bhí sean-chabán seanchaite ann i gcónaí.
There had always been an ancient ramshackle cabin there.
Bhí fir a bhí ag fáil bháis tar éis mionnú go raibh mianach in aice leis an seanchabán sin.
Dying men had sworn there was a mine next to that old cabin.
Chruthaigh siad a gcuid scéalta le hór nach bhfaightear in aon áit eile.
They proved their stories with gold like none found elsewhere.

Níor ghoid aon anam beo an taisce as an áit sin riamh.

No living soul had ever looted the treasure from that place.

Bhí na mairbh marbh, agus ní insíonn fir mhairbh scéalta ar bith.

The dead were dead, and dead men tell no tales.

Mar sin chuaigh Thornton agus a chairde chun na hOirthear.

So Thornton and his friends headed into the East.

Chuaigh Peadar agus Hans isteach ann, agus thug siad Buck agus sé mhadra láidre leo.

Pete and Hans joined, bringing Buck and six strong dogs.

Chuir siad tús le cosán anaithnid inar theip ar dhaoine eile.

They set off down an unknown trail where others had failed.

Shleamhnaigh siad seachtó míle suas Abhainn reoite Yukon.

They sledded seventy miles up the frozen Yukon River.

Chas siad ar chlé agus lean siad an cosán isteach sa Stewart.

They turned left and followed the trail into the Stewart.

Chuaigh siad thar an Mayo agus McQuestion, ag brú ar aghaidh níos faide.

They passed the Mayo and McQuestion, pressing farther on.

Chrap Abhainn Stewart isteach i sruthán, ag dul thar bheanna garbha.

The Stewart shrank into a stream, threading jagged peaks.

Mharcáil na beanna géara seo cnámh droma na mór-roinne.

These sharp peaks marked the very spine of the continent.

Ní raibh mórán á éileamh ag John Thornton ó fhir ná ón talamh fiáin.

John Thornton demanded little from men or the wild land.

Ní raibh eagla air faoi rud ar bith sa nádúr agus thug sé aghaidh ar an bhfiántas go héasca.

He feared nothing in nature and faced the wild with ease.

Le salann agus raidhfil amháin, d'fhéadfadh sé taisteal cibé áit a theastaigh uaidh.

With only salt and a rifle, he could travel where he wished.

Cosúil leis na bundúchasaigh, bhí sé ag fiach bia agus é ag taisteal.

Like the natives, he hunted food while he journeyed along.

Mura mbeadh tada faighte aige, lean sé air ag dul, ag muinín as an ádh a bheadh air.

If he caught nothing, he kept going, trusting luck ahead.

Ar an turas fada seo, feoil an príomh-rud a d'ith siad.

On this long journey, meat was the main thing they ate.

Bhí uirlisí agus armlón sa sled, ach ní raibh aon amchlár docht ann.

The sled held tools and ammo, but no strict timetable.

Thaitin an fánaíocht seo go mór le Buck; an seilg agus an iascaireacht gan teorainn.

Buck loved this wandering; the endless hunt and fishing.

Ar feadh seachtainí bhí siad ag taisteal lá i ndiaidh lae seasta.

For weeks they were traveling day after steady day.

Uaireanta eile chuir siad campaí ar bun agus d'fhan siad socair ar feadh seachtainí.

Other times they made camps and stayed still for weeks.

Lig na madraí scíth agus na fir ag tochailt trí chré reoite.

The dogs rested while the men dug through frozen dirt.

Théigh siad pannaí os cionn tinte agus chuardaigh siad ór i bhfolach.

They warmed pans over fires and searched for hidden gold.

Bhí ocras orthu ar laethanta áirithe, agus bhíodh féastaí acu ar laethanta eile.

Some days they starved, and some days they had feasts.

Bhraith a gcuid béilí ar an gcluiche agus ar ádh na seilge.

Their meals depended on the game and the luck of the hunt.

Nuair a tháinig an samhradh, phacáil fir agus madraí ualaí ar a ndroim.

When summer came, men and dogs packed loads on their backs.

Raftáil siad trasna lochanna gorma i bhfolach i bhforaoisí sléibhe.

They rafted across blue lakes hidden in mountain forests.

Sheol siad báid chaola ar aibhneacha nár mapáil aon duine riamh.

They sailed slim boats on rivers no man had ever mapped.

Tógadh na báid sin as crainn a ghearr siad sa fiántas.
Those boats were built from trees they sawed in the wild.

Chuaigh na míonna thart, agus chas siad trí na tailte fiáine anaithnid.
The months passed, and they twisted through the wild unknown lands.

Ní raibh aon fhir ann, ach thug seanrianta le fios go raibh fir ann.
There were no men there, yet old traces hinted that men had been.

Dá mba fíor an Cabán Caillte, bhí daoine eile tagtha an bealach seo tráth.
If the Lost Cabin was real, then others had once come this way.

Thrasnaídís bealaí arda i stoirmeacha sneachta, fiú i rith an tsamhraidh.
They crossed high passes in blizzards, even during the summer.

Bhí siad ag crith faoi ghrian meán oíche ar fhánaí lom sléibhe.
They shivered under the midnight sun on bare mountain slopes.

Idir an líne crann agus na páirceanna sneachta, dhreap siad go mall.
Between the treeline and the snowfields, they climbed slowly.

I ngleannta teo, bhuail siad scamaill cuileog agus cuileog.
In warm valleys, they swatted at clouds of gnats and flies.

Bhain siad caora milse amach in aice le hoighearshruthanna faoi bhláth iomlán an tsamhraidh.
They picked sweet berries near glaciers in full summer bloom.

Bhí na bláthanna a fuair siad chomh hálainn leis na cinn sa Deisceart.
The flowers they found were as lovely as those in the Southland.

An fhómhar sin shroich siad réigiún uaigneach lán de lochanna ciúine.

That fall they reached a lonely region filled with silent lakes.

Bhí an talamh brónach agus folamh, tráth beo le héin agus le hainmhithe.

The land was sad and empty, once alive with birds and beasts.

Anois ní raibh aon bheatha ann, ach an ghaoth agus an t-oighear ag foirmiú i linnte.

Now there was no life, just the wind and ice forming in pools.

Bhuail tonnta i gcoinne cladaí folamha le fuaim bhog, bhrónach.

Waves lapped against empty shores with a soft, mournful sound.

Tháinig geimhreadh eile, agus lean siad cosáin laga, seanchaite arís.

Another winter came, and they followed faint, old trails again.

Ba iad seo rianta na bhfear a bhí ag cuardach i bhfad rompu.

These were the trails of men who had searched long before them.

Uair amháin fuair siad cosán gearrtha go domhain isteach sa choill dhorcha.

Once they found a path cut deep into the dark forest.

Seanchosán a bhí ann, agus cheap siad go raibh an cábán caillte gar dóibh.

It was an old trail, and they felt the lost cabin was close.

Ach ní raibh an cosán ag dul áit ar bith agus chuaigh sé i léig isteach sa choill dhlúth.

But the trail led nowhere and faded into the thick woods.

Cibé duine a rinne an cosán, agus cén fáth ar rinne siad é, ní raibh a fhios ag aon duine.

Whoever made the trail, and why they made it, no one knew.

Níos déanaí, fuair siad raic lóiste i bhfolach i measc na gcrann.

Later, they found the wreck of a lodge hidden among the trees.

Bhí pluideanna lofa scaipthe san áit a raibh duine éigin ina chodladh tráth.

Rotting blankets lay scattered where someone once had slept.

Fuair John Thornton cloch thine le bairille fhada curtha istigh ann.

John Thornton found a long-barreled flintlock buried inside.

Bhí a fhios aige gur gunna de chuid Bhá Hudson a bhí ann ó laethanta trádála luatha.

He knew this was a Hudson Bay gun from early trading days.

Sna laethanta sin, thrádáladh gunnaí den sórt sin ar charnacha craicne beabhair.

In those days such guns were traded for stacks of beaver skins.

Sin a bhí ann—ní raibh aon leid fágtha faoin bhfear a thóg an lóiste.

That was all—no clue remained of the man who built the lodge.

Tháinig an t-earrach arís, agus ní bhfuair siad aon chomhartha den Chábán Caillte.

Spring came again, and they found no sign of the Lost Cabin.

Ina áit sin fuair siad gleann leathan le sruth éadomhain.

Instead they found a broad valley with a shallow stream.

Bhí ór ina luí ar bhun na bpannaí cosúil le him mín, buí.

Gold lay across the pan bottoms like smooth, yellow butter.

Stop siad ansin agus níor chuardaigh siad níos faide don chábán.

They stopped there and searched no farther for the cabin.

Gach lá d'oibrigh siad agus fuair siad na mílte i ndeannach óir.

Each day they worked and found thousands in gold dust.

Phacáil siad an t-ór i málaí craiceann móise, caoga punt an ceann.

They packed the gold in bags of moose-hide, fifty pounds each.

Bhí na málaí cruachta cosúil le connadh taobh amuigh dá lóiste bheag.

The bags were stacked like firewood outside their small lodge.

D'oibrigh siad cosúil le fathaigh, agus chuaigh na laethanta thart cosúil le brionglóidí gasta.

They worked like giants, and the days passed like quick dreams.

Bhailigh siad seod agus na laethanta gan teorainn ag imeacht go gasta.

They heaped up treasure as the endless days rolled swiftly by.

Ní raibh mórán le déanamh ag na madraí ach feoil a tharraingt anois is arís.

There was little for the dogs to do except haul meat now and then.

Rinne Thornton seilg agus mharaigh sé an cluiche, agus luigh Buck cois na tine.

Thornton hunted and killed the game, and Buck lay by the fire.

Chaith sé uaireanta fada i dtost, caillte i smaointe agus i gcuimhne.

He spent long hours in silence, lost in thought and memory.

Thagadh íomhá an fhir chlúmhaigh i gcuimhne Buck níos minice.

The image of the hairy man came more often into Buck's mind.

Anois agus ganntanas oibre ann, bhí Buck ag brionglóid agus é ag caochadh a shúl ag an tine.

Now that work was scarce, Buck dreamed while blinking at the fire.

Sna brionglóidí sin, shiúil Buck leis an bhfear i ndomhan eile.

In those dreams, Buck wandered with the man in another world.

Ba chosúil gurbh í an eagla an mothúchán ba láidre sa domhan i bhfad i gcéin sin.

Fear seemed the strongest feeling in that distant world.

Chonaic Buck an fear clúmhach ina chodladh agus a cheann cromtha go híseal.

Buck saw the hairy man sleep with his head bowed low.

Bhí a lámha fillte, agus bhí a chodladh suaimhneach agus briste.

His hands were clasped, and his sleep was restless and broken.

Dúisíodh sé le preab agus stánadh sé le heagla isteach sa dorchadas.

He used to wake with a start and stare fearfully into the dark.

Ansin chaithfeadh sé níos mó adhmaid ar an tine chun an lasair a choinneáil geal.

Then he'd toss more wood onto the fire to keep the flame bright.

Uaireanta shiúladh siad feadh trá cois farraige liath, gan teorainn.

Sometimes they walked along a beach by a gray, endless sea.

Bhain an fear clúmhach sliogéisc amach agus d'ith sé iad agus é ag siúl.

The hairy man picked shellfish and ate them as he walked.

Bhí a shúile i gcónaí ag cuardach contúirtí ceilte sna scáthanna.

His eyes searched always for hidden dangers in the shadows.

Bhí a chosa réidh i gcónaí le rith ag an gcéad chomhartha bagairt.

His legs were always ready to sprint at the first sign of threat.

Shnámh siad tríd an bhforaois, ciúin agus aireach, taobh le taobh.

They crept through the forest, silent and wary, side by side.

Lean Buck ina dhiaidh, agus d'fhan an bheirt acu airdeallach.

Buck followed at his heels, and both of them stayed alert.

Chrom agus bhog a gcluasa, shníomh a srónacha an t-aer.

Their ears twitched and moved, their noses sniffed the air.

D'fhéadfadh an fear an fhoraois a chloisteáil agus a bholadh chomh géar le Buck.

The man could hear and smell the forest as sharply as Buck.

Luasc an fear clúmhach trí na crainn le luas tobann.

The hairy man swung through the trees with sudden speed.

Léim sé ó chraobh go craobh, gan a ghreim a chailleadh riamh.

He leapt from branch to branch, never missing his grip.

Bhog sé chomh tapa os cionn na talún agus a rinne sé air.

He moved as fast above the ground as he did upon it.

Chuimhnigh Buck ar oícheanta fada faoi na crainn, ag faire.

Buck remembered long nights beneath the trees, keeping watch.

Chodail an fear ina shuidhe sna craobhacha, ag greamaigh go docht de.

The man slept roosting in the branches, clinging tight.

Bhí an fhís seo den fhear clúmhach ceangailte go dlúth leis an nglao domhain.

This vision of the hairy man was tied closely to the deep call.

Bhí an glao fós ag fuaimniú tríd an bhforaois le fórsa uafásach.

The call still sounded through the forest with haunting force.

Líon an glao Buck le fonn agus le mothú suaimhneach áthais.

The call filled Buck with longing and a restless sense of joy.

Mhothaigh sé mianta agus corraíl aisteacha nárbh fhéidir leis a ainmniú.

He felt strange urges and stirrings that he could not name.

Uaireanta leanadh sé an glao go domhain isteach sna coillte ciúine.

Sometimes he followed the call deep into the quiet woods.

Chuardaigh sé an glao, ag tafann go bog nó go géar agus é ag imeacht.

He searched for the calling, barking softly or sharply as he went.

Shnaois sé an caonach agus an ithir dhubh inar fhás na féara.

He sniffed the moss and black soil where the grasses grew.

Shnaois sé le háthas ag boladh saibhre na cré domhain.

He snorted with delight at the rich smells of the deep earth.

Chrom sé ar feadh uaireanta an chloig taobh thiar de stocaí a bhí clúdaithe le fungas.

He crouched for hours behind trunks covered in fungus.

D'fhan sé ina chodladh, ag éisteacht le gach fuaim bheag.

He stayed still, listening wide-eyed to every tiny sound.

B'fhéidir go raibh súil aige iontas a chur ar an rud a thug an glao.

He may have hoped to surprise the thing that gave the call.

Ní raibh a fhios aige cén fáth ar ghníomhaigh sé ar an mbealach seo—rinn sé go simplí.

He did not know why he acted this way—he simply did.

Tháinig na mianta ó dhoimhneacht istigh, lasmuigh den smaoineamh ná den réasún.

The urges came from deep within, beyond thought or reason.

Ghlac mianta dochloíte greim ar Buck gan rabhadh ná cúis.

Irresistible urges took hold of Buck without warning or reason.

Uaireanta bhíodh sé ina chodladh go leisciúil sa champa faoi theas an mheán lae.

At times he was dozing lazily in camp under the midday heat.

Go tobann, ardaíodh a cheann agus phléasc a chluasa suas go airdeallach.

Suddenly, his head lifted and his ears shoot up alert.

Ansin léim sé ina sheasamh agus rith sé isteach sa fiántas gan stad.

Then he sprang up and dash into the wild without pause.

Rith sé ar feadh uaireanta an chloig trí chosáin foraoise agus spásanna oscailte.

He ran for hours through forest paths and open spaces.

Bhí grá aige leapacha srutháin thirime a leanúint agus éin sna crainn a spiaireacht.

He loved to follow dry creek beds and spy on birds in the trees.

D'fhéadfadh sé luí i bhfolach an lá ar fad, ag breathnú ar na patraisí ag spaisteoireacht thart.

He could lie hidden all day, watching partridges strut around.

Sheinn siad drumaí agus mháirseáil siad, gan a bheith ar an eolas faoi láithreacht Buck go fóill.

They drummed and marched, unaware of Buck's still presence.

Ach an rud ba mhó a thaitin leis ná rith ag breacadh an lae sa samhradh.

But what he loved most was running at twilight in summer.

Líon an solas lag agus fuaimeanna codlatacha na foraoise é le lúcháir.

The dim light and sleepy forest sounds filled him with joy.

Léigh sé comharthaí na foraoise chomh soiléir agus a léann fear leabhar.

He read the forest signs as clearly as a man reads a book.

Agus bhí sé i gcónaí ag cuardach an rud aisteach a ghlaoigh air.

And he searched always for the strange thing that called him.

Níor stad an glao sin riamh—shroich sé é ina dhúiseacht nó ina chodladh.

That calling never stopped—it reached him waking or sleeping.

Oíche amháin, dhúisigh sé le preab, súile géara agus cluasa arda.

One night, he woke with a start, eyes sharp and ears high.

Chreathadh a shrón agus a mhoen ag luascadh i dtonnta.

His nostrils twitched as his mane stood bristling in waves.

Ó dhoimhneacht na coille tháinig an fhuaim arís, an seanghlao.

From deep in the forest came the sound again, the old call.

An uair seo bhí an fhuaim ag canadh go soiléir, uafás fada, corraitheach, eolach.

This time the sound rang clearly, a long, haunting, familiar howl.

Bhí sé cosúil le caoineadh husky, ach aisteach agus fiáin i nguth.

It was like a husky's cry, but strange and wild in tone.

D'aithin Buck an fhuaim láithreach—bhí an fhuaim chruinn cloiste aige i bhfad ó shin.

Buck knew the sound at once—he had heard the exact sound long ago.

Léim sé tríd an gcampa agus d'imigh sé go gasta isteach sna coillte.

He leapt through camp and vanished swiftly into the woods.

De réir mar a bhí sé ag druidim leis an bhfuaim, mhoilligh sé agus bhog sé go cúramach.

As he neared the sound, he slowed and moved with care.

Go gairid shroich sé imréiteach idir crainn ghiúise tiubha.

Soon he reached a clearing between thick pine trees.

Ansin, ina sheasamh ar a chosa, bhí mac tíre adhmaid ard, caol ina shuí.

There, upright on its haunches, sat a tall, lean timber wolf.

Bhí srón an mhac tíre ag pointeáil suas chun na spéire, ag macalla an ghlao fós.

The wolf's nose pointed skyward, still echoing the call.

Ní raibh aon fhuaim déanta ag Buck, ach stad an mac tíre agus d'éist sé.

Buck had made no sound, yet the wolf stopped and listened.

Agus rud éigin á bhraith aige, theann an mac tíre, ag cuardach an dorchadais.

Sensing something, the wolf tensed, searching the darkness.

Shleamhnaigh Buck i radharc, a chorp íseal, a chosa ciúine ar an talamh.

Buck crept into view, body low, feet quiet on the ground.

Bhí a eireaball díreach, a chorp fillte go docht le teannas.

His tail was straight, his body coiled tight with tension.

Léirigh sé bagairt agus cineál cairdeas garbh araon.

He showed both threat and a kind of rough friendship.

Ba é an beannú aireach a roinneadh beithígh fhiáine.

It was the wary greeting shared by beasts of the wild.

Ach chas an mac tíre agus theith sé a luaithe a chonaic sé Buck.

But the wolf turned and fled as soon as it saw Buck.

Chuir Buck ruaig air, ag léim go fiáin, fonnmhar é a shárú.

Buck gave chase, leaping wildly, eager to overtake it.

Lean sé an mac tíre isteach i sruthán tirim a bhí blocáilte ag bac adhmaid.

He followed the wolf into a dry creek blocked by a timber jam.

I gcúinne, chas an mac tíre timpeall agus sheas sé a sheasamh.

Cornered, the wolf spun around and stood its ground.

Rinne an mac tíre drannadh agus snapáil cosúil le madra husky gafa i gcath.

The wolf snarled and snapped like a trapped husky dog in a fight.

Chlic fiacla an mhac tíre go gasta, a chorp ag lonrú le buile fiáin.

The wolf's teeth clicked fast, its body bristling with wild fury.

Níor ionsaigh Buck ach chuaigh sé timpeall an mhac tíre go cairdiúil go cúramach.

Buck did not attack but circled the wolf with careful friendliness.

Rinne sé iarracht a éalú a bhac le gluaiseachtaí mall, neamhdhíobhálacha.

He tried to block his escape by slow, harmless movements.

Bhí an mac tíre aireach agus scanraithe—bhí Buck níos troime ná é trí huaire.

The wolf was wary and scared—Buck outweighed him three times.

Is ar éigean a shroich ceann an mhac tíre gualainn ollmhór Buck.

The wolf's head barely reached up to Buck's massive shoulder.

Agus bearna le feiceáil ann, d'imigh an mac tíre agus thosaigh an ruaig arís.

Watching for a gap, the wolf bolted and the chase began again.

Chuir Buck brú air arís agus arís eile, agus lean an damhsa air arís.

Several times Buck cornered him, and the dance repeated.

Bhí an mac tíre tanaí agus lag, nó ní fhéadfadh Buck a bheith tar éis é a ghabháil.

The wolf was thin and weak, or Buck could not have caught him.

Gach uair a tháinig Buck i ngar dó, chas an mac tíre agus d'fhéach sé air le heagla.

Each time Buck drew near, the wolf spun and faced him in fear.

Ansin ag an gcéad deis, rith sé leis isteach sa choill arís.

Then at the first chance, he dashed off into the woods once more.

Ach níor thug Buck suas, agus sa deireadh tháinig an mac tíre chun muinín a chur ann.

But Buck did not give up, and finally the wolf came to trust him.

Shnígh sé srón Buck, agus d'éirigh an bheirt súgach agus airdeallach.

He sniffed Buck's nose, and the two grew playful and alert.

D'imir siad cosúil le hainmhithe fiáine, fíochmhar ach cúthail ina n-áthas.

They played like wild animals, fierce yet shy in their joy.

Tar éis tamaill, d'imigh an mac tíre leis le cuspóir socair.

After a while, the wolf trotted off with calm purpose.

Léirigh sé go soiléir do Buck go raibh sé i gceist aige go leanfaí é.

He clearly showed Buck that he meant to be followed.

Rith siad taobh le taobh tríd an dorchadas breacadh an lae.

They ran side by side through the twilight gloom.

Lean siad leaba an tsrutháin suas isteach sa ghleann creagach.

They followed the creek bed up into the rocky gorge.

Thrasnaigh siad deighilt fhuar san áit ar thosaigh an sruth.

They crossed a cold divide where the stream had begun.

Ar an bhfána i bhfad i gcéin fuair siad foraois leathan agus go leor sruthán.

On the far slope they found wide forest and many streams.

Tríd an tír fairsing seo, rith siad ar feadh uaireanta gan stad.

Through this vast land, they ran for hours without stopping.

D'éirigh an ghrian níos airde, d'éirigh an t-aer níos teo, ach lean siad orthu ag rith.

The sun rose higher, the air grew warm, but they ran on.

Bhí Buck lán le lúcháir—bhí a fhios aige go raibh sé ag freagairt a ghlao.

Buck was filled with joy—he knew he was answering his calling.

Rith sé in aice lena dheartháir foraoise, níos gaire do fhoinse an ghlao.

He ran beside his forest brother, closer to the call's source.

D'fhill seanmhothúcháin, cumhachtacha agus deacair neamhaird a dhéanamh orthu.

Old feelings returned, powerful and hard to ignore.

Seo iad na fírinní taobh thiar de na cuimhní cinn óna bhrionglóidí.

These were the truths behind the memories from his dreams.

Bhí sé seo ar fad déanta aige cheana i ndomhan i bhfad i gcéin agus scáthach.

He had done all this before in a distant and shadowy world.

Anois rinne sé é seo arís, ag rith go fiáin leis an spéir oscailte thuas.

Now he did this again, running wild with the open sky above.

Stop siad ag sruthán le hól as an uisce fuar a bhí ag sileadh.

They stopped at a stream to drink from the cold flowing water.

Agus é ag ól, chuimhnigh Buck go tobann ar John Thornton.

As he drank, Buck suddenly remembered John Thornton.

Shuigh sé síos i dtost, stróicthe ag tarraingt na dílseachta agus an ghlao.

He sat down in silence, torn by the pull of loyalty and the calling.

Lean an mac tíre ar aghaidh ag trotáil, ach tháinig sé ar ais chun Buck a spreagadh chun tosaigh.

The wolf trotted on, but came back to urge Buck forward.

Shníodaigh sé a shrón agus rinne sé iarracht é a mhealladh le gothaí boga.

He sniffed his nose and tried to coax him with soft gestures.

Ach chas Buck timpeall agus thosaigh sé ag filleadh an tslí ar tháinig sé.

But Buck turned around and started back the way he came.

Rith an mac tíre in aice leis ar feadh i bhfad, ag caoineadh go ciúin.

The wolf ran beside him for a long time, whining quietly.

Ansin shuigh sé síos, thóg sé a shrón, agus lig sé uafás fada amach.

Then he sat down, raised his nose, and let out a long howl.

Caoineadh brónach a bhí ann, ag maolú agus Buck ag siúl leis.

It was a mournful cry, softening as Buck walked away.

D'éist Buck agus fuaim an ghlóir ag imeacht go mall isteach i dtost na foraoise.

Buck listened as the sound of the cry faded slowly into the forest silence.

Bhí John Thornton ag ithe dinnéir nuair a phléasc Buck isteach sa champa.

John Thornton was eating dinner when Buck burst into the camp.

Léim Buck air go fiáin, ag ligh, ag greimniú, agus ag titim as a chéile.

Buck leapt upon him wildly, licking, biting, and tumbling him.

Leag sé anuas é, phléasc sé suas air, agus phóg sé a aghaidh.

He knocked him over, scrambled on top, and kissed his face.

Thug Thornton "imirt an amadáin ghinearálta" le gean air seo.

Thornton called this "playing the general tom-fool" with affection.

An t-am ar fad, mhallaigh sé Buck go réidh agus chroith sé anonn is anall é.

All the while, he cursed Buck gently and shook him back and forth.

Ar feadh dhá lá agus oíche iomlána, níor fhág Buck an campa riamh.

For two whole days and nights, Buck never left the camp once.

Choinnigh sé gar do Thornton agus níor lig sé as a radharc é choíche.

He kept close to Thornton and never let him out of his sight.

Lean sé é agus é ag obair agus d'fhéach sé air agus é ag ithe.

He followed him as he worked and watched him while he ate.

Chonaic sé Thornton isteach ina blaincéid san oíche agus amuigh gach maidin.

He saw Thornton into his blankets at night and out each morning.

Ach go luath d'fhill glaoch na foraoise, níos airde ná riamh.

But soon the forest call returned, louder than ever before.

D'éirigh Buck míshuaimhneach arís, corraithe ag smaointe an mhac tíre fiáin.

Buck grew restless again, stirred by thoughts of the wild wolf.

Chuimhnigh sé ar an talamh oscailte agus ar an rith taobh le taobh.

He remembered the open land and running side by side.

Thosaigh sé ag fánaíocht isteach sa choill arís, ina aonar agus airdeallach.

He began wandering into the forest once more, alone and alert.

Ach níor fhill an deartháir fiáin, agus níor chualathas an t-uaill.

But the wild brother did not return, and the howl was not heard.

Thosaigh Buck ag codladh amuigh, ag fanacht ar shiúl ar feadh laethanta ag an am.

Buck started sleeping outside, staying away for days at a time.

Uair amháin thrasnaigh sé an scoilt ard san áit ar thosaigh an sruthán.

Once he crossed the high divide where the creek had begun.

Chuaigh sé isteach i dtír na gcoillte dorcha agus na sruthán leathana.

He entered the land of dark timber and wide flowing streams.

Ar feadh seachtaine, shiúil sé ag fánaíocht, ag cuardach comharthaí an dearthár fiáin.

For a week he roamed, searching for signs of the wild brother.

Mharaigh sé a fheoil féin agus thaistil sé le céimeanna fada gan tuirse.

He killed his own meat and travelled with long, tireless strides.

D'iascaireacht sé bradán in abhainn leathan a shroich an fharraige.

He fished for salmon in a wide river that reached the sea.

Ansin, throid sé agus mharaigh sé béar dubh a raibh buile air ag feithidí.

There, he fought and killed a black bear maddened by bugs.

Bhí an béar ag iascaireacht agus rith sé go dall trí na crainn.

The bear had been fishing and ran blindly through the trees.

Cath fíochmhar a bhí ann, ag mhúscailt spiorad troda domhain Buck.

The battle was a fierce one, waking Buck's deep fighting spirit up.

Dhá lá ina dhiaidh sin, d'fhill Buck agus fuair sé wolverines ag a mharú.

Two days later, Buck returned to find wolverines at his kill.

Bhí dosaen acu ag argóint faoin bhfeoil le glór feirge.

A dozen of them quarreled over the meat in noisy fury.

Rinne Buck ionsaí agus scaip sé iad cosúil le duilleoga sa ghaoth.

Buck charged and scattered them like leaves in the wind.

D'fhan dhá mhac tíre ina ndiaidh—ciúin, gan bheatha, agus gan corraí go deo.

Two wolves remained behind—silent, lifeless, and unmoving forever.

D'fhás an tart ar fhuil níos láidre ná riamh.

The thirst for blood grew stronger than ever.

Sealgair ab ea Buck, marfóir, ag beathú créatúir bheo.

Buck was a hunter, a killer, feeding off living creatures.

Mhair sé ina aonar, ag brath ar a neart agus a chéadfaí géara.

He survived alone, relying on his strength and sharp senses.

D'éirigh go maith leis sa fiántas, áit nach bhféadfadh ach na daoine ba láidre maireachtáil.

He thrived in the wild, where only the toughest could live.

As seo, d'éirigh bród mór agus líon sé croí Buck ar fad.

From this, a great pride rose up and filled Buck's whole being.

Léiríodh a bhród i ngach céim a rinne sé, i ngluaiseacht gach matáin.

His pride showed in his every step, in the ripple of every muscle.

Bhí a bhród chomh soiléir le cainte, le feiceáil sa chaoi a raibh sé ag iompar é féin.

His pride was as clear as speech, seen in how he carried himself.

Bhí cuma níos maorga agus lonrach ar a chóta tiubh fiú.

Even his thick coat looked more majestic and gleamed brighter.

D'fhéadfaí a mheas gur mac tíre ollmhór adhmaid a bhí ann.

Buck could have been mistaken for a giant timber wolf.

Ach amháin donn ar a shrón agus spotaí os cionn a shúl.

Except for brown on his muzzle and spots above his eyes.

Agus an stríoc bán fionnaidh a rith síos lár a chliabhraigh.

And the white streak of fur that ran down the middle of his chest.

Bhí sé níos mó fós ná an mac tíre ba mhó den phór fíochmhar sin.

He was even larger than the biggest wolf of that fierce breed.

Thug a athair, San Bernard, méid agus corp trom dó.

His father, a St. Bernard, gave him size and heavy frame.

Mhúnlaigh a mháthair, aoire, an méid sin i gcruth mac tíre.

His mother, a shepherd, shaped that bulk into wolf-like form.

Bhí gob fada mac tíre air, cé go raibh sé níos troime agus níos leithne.

He had the long muzzle of a wolf, though heavier and broader.

Ba cheann mac tíre a cheann, ach tógtha ar scála ollmhór, maorga.

His head was a wolf's, but built on a massive, majestic scale.

Ba é gliocas Buck gliocas an mhac tíre agus na fiáine.

Buck's cunning was the cunning of the wolf and of the wild.

Tháinig a chuid faisnéise ón Aoire Gearmánach agus ón Naomh Bernard araon.

His intelligence came from both the German Shepherd and St. Bernard.

Rinne seo go léir, chomh maith le taithí chrua, créatúr scanrúil de.

All this, plus harsh experience, made him a fearsome creature.

Bhí sé chomh scanrúil le haon ainmhí a bheadh ag fánaíocht i bhfiántas an tuaiscirt.

He was as formidable as any beast that roamed the northern wild.

Ag maireachtáil ar fheoil amháin, shroich Buck buaic a neart.

Living only on meat, Buck reached the full peak of his strength.

Bhí sé ag cur thar maoil le cumhacht agus le fórsa fireann i ngach snáithín de.

He overflowed with power and male force in every fiber of him.

Nuair a stróic Thornton a dhroim, lonraigh na ribí gruaige le fuinneamh.

When Thornton stroked his back, the hairs sparked with energy.

Phléasc gach gruaig, luchtaithe le teagmháil maighnéadais bheo.

Each hair crackled, charged with the touch of living magnetism.

Bhí a chorp agus a inchinn tiúnta go dtí an pháirc is fearr ab fhéidir.

His body and brain were tuned to the finest possible pitch.

D'oibrigh gach néaróg, snáithín agus matán i gcomhchuibheas foirfe.

Every nerve, fiber, and muscle worked in perfect harmony.

D'fhreagair sé láithreach aon fhuaim nó radharc a raibh gá le gníomhú air.

To any sound or sight needing action, he responded instantly.

Dá léimfeadh husky chun ionsaí a dhéanamh, d'fhéadfadh Buck léim faoi dhó chomh tapa.

If a husky leaped to attack, Buck could leap twice as fast.

D'fhreagair sé níos tapúla ná mar a d'fhéadfadh daoine eile a fheiceáil nó a chloisteáil fiú.

He reacted quicker than others could even see or hear.

Tháinig dearcadh, cinneadh agus gníomh go léir in aon nóiméad sreabhach amháin.

Perception, decision, and action all came in one fluid moment.

Go deimhin, bhí na gníomhartha seo ar leithligh, ach ró-thapa le tabhairt faoi deara.

In truth, these acts were separate, but too fast to notice.

Bhí na bearnaí idir na gníomhartha seo chomh gearr sin, gur chosúil gur aon cheann amháin iad.

So brief were the gaps between these acts, they seemed as one.

Bhí a matáin agus a chorp cosúil le spriongaí fillte go docht.

His muscles and being was like tightly coiled springs.

Bhí a chorp ag borradh le beatha, fiáin agus lúcháireach ina chumhacht.

His body surged with life, wild and joyful in its power.

Uaireanta bhraith sé amhail is go raibh an fórsa ag pléascadh amach as go hiomlán.

At times he felt like the force was going to burst out of him entirely.

"Ní raibh madra den chineál seo ann riamh," a dúirt Thornton lá ciúin amháin.

"Never was there such a dog," Thornton said one quiet day.

D'fhéach na comhpháirtithe ar Buck ag siúl go bródúil amach as an gcampa.

The partners watched Buck striding proudly from the camp.

"Nuair a rinneadh é, d'athraigh sé an rud is féidir le madra a bheith," a dúirt Pete.

"When he was made, he changed what a dog can be," said Pete.

"Ar Íosa! Is é sin mo thuairim féin," aontaigh Hans go tapaidh.

"By Jesus! I think so myself," Hans quickly agreed.

Chonaic siad é ag máirseáil ar shiúl, ach ní chonaic siad an t-athrú a tháinig ina dhiaidh.

They saw him march off, but not the change that came after.

Chomh luath agus a chuaigh sé isteach sna coillte, athraigh Buck go hiomlán.

As soon as he entered the woods, Buck transformed completely.

Ní raibh sé ag máirseáil a thuilleadh, ach bhog sé cosúil le taibhse fiáin i measc na gcrann.

He no longer marched, but moved like a wild ghost among trees.

D'éirigh sé ciúin, cosa cait, splancsc ag dul trí scáthanna.

He became silent, cat-footed, a flicker passing through shadows.

D'úsáid sé clúdach le scil, ag crawláil ar a bholg cosúil le nathair.

He used cover with skill, crawling on his belly like a snake.

Agus cosúil le nathair, d'fhéadfadh sé léim ar aghaidh agus bualadh i dtost.

And like a snake, he could leap forward and strike in silence.

D'fhéadfadh sé ptarmigan a ghoid díreach as a nead i bhfolach.

He could steal a ptarmigan straight from its hidden nest.

Mharaigh sé coiníní ina gcodladh gan fuaim amháin.

He killed sleeping rabbits without a single sound.

D'fhéadfadh sé chipmunks a ghabháil san aer agus iad ag teitheadh rómhall.

He could catch chipmunks midair as they fled too slowly.

Ní raibh fiú iasc i linnte in ann éalú óna stailceanna tobann.

Even fish in pools could not escape his sudden strikes.

Ní raibh fiú beabhair chliste a bhí ag deisiú dambaí sábháilte uaidh.

Not even clever beavers fixing dams were safe from him.

Mharaigh sé ar mhaithe le bia, ní ar mhaithe le spraoi—ach is fearr leis a mharuithe féin.

He killed for food, not for fun—but liked his own kills best.

Mar sin féin, bhí greann seafóideach le brath i gcuid dá sheilg chiúine.

Still, a sly humor ran through some of his silent hunts.

Shleamhnaigh sé suas go gar do na hioraí, ach lig sé dóibh éalú.

He crept up close to squirrels, only to let them escape.

Bhí siad ar tí teitheadh go dtí na crainn, ag comhrá le fearg eaglach.

They were going to flee to the trees, chattering in fearful outrage.

De réir mar a tháinig an fómhar, thosaigh móin ag teacht chun cinn i líon níos mó.

As fall came, moose began to appear in greater numbers.

Bhog siad go mall isteach sna gleannta ísle chun freastal ar an ngeimhreadh.

They moved slowly into the low valleys to meet the winter.

Bhí lao óg amháin, ar seachrán, tugtha síos ag Buck cheana féin.

Buck had already brought down one young, stray calf.

Ach bhí dúil aige creach níos mó, níos contúirtí a shárú.

But he longed to face larger, more dangerous prey.

Lá amháin ar an deighilt, ag ceann an tsrutháin, fuair sé a dheis.

One day on the divide, at the creek's head, he found his chance.

Bhí tréad fiche mós tar éis trasnú ó thalamh foraoisithe.

A herd of twenty moose had crossed from forested lands.

Ina measc bhí tarbh cumhachtach; ceannaire an ghrúpa.

Among them was a mighty bull; the leader of the group.

Sheas an tarbh os cionn sé throigh ar airde agus cuma fíochmhar agus fiáin air.

The bull stood over six feet tall and looked fierce and wild.

Chaith sé a adharca leathana, ceithre phointe déag ag síneadh amach.

He tossed his wide antlers, fourteen points branching outward.

Shín barr na n-adharc sin seacht dtroigh ar trasnán.

The tips of those antlers stretched seven feet across.

Loisc a shúile beaga le fearg nuair a chonaic sé Buck in aice láimhe.

His small eyes burned with rage as he spotted Buck nearby.

Lig sé torann feargach amach, ag crith le fearg agus le pian.

He let out a furious roar, trembling with fury and pain.

Bhí ceann saighde ag gobadh amach in aice a thaobh, clúmhach agus géar.

An arrow-end stuck out near his flank, feathered and sharp.

Chabhraigh an chréacht seo lena ghiúmar searbh, borb a mhíniú.

This wound helped explain his savage, bitter mood.

Rinne Buck, faoi threoir ag instinct ársa seilge, a bhogadh.

Buck, guided by ancient hunting instinct, made his move.

Bhí sé mar aidhm aige an tarbh a scaradh ón gcuid eile den tréad.

He aimed to separate the bull from the rest of the herd.

Ní tasc éasca a bhí ann—bhí luas agus seiftiúlacht fíochmhar ag teastáil.

This was no easy task—it took speed and fierce cunning.

Bhraith sé agus rinne sé damhsa in aice leis an tarbh, díreach lasmuigh den raon.

He barked and danced near the bull, just out of range.

Léim an mós le crúba ollmhóra agus adharca marfacha.

The moose lunged with huge hooves and deadly antlers.

D'fhéadfadh buille amháin deireadh a chur le saol Buck i gceap na huaire.

One blow could have ended Buck's life in a heartbeat.

Gan a bheith in ann an bhagairt a fhágáil ina diaidh, chuaigh an tarbh ar mire.

Unable to leave the threat behind, the bull grew mad.

Rinne sé ionsaí le buile, ach shleamhnaigh Buck leis i gcónaí.

He charged in fury, but Buck always slipped away.

Lig Buck air féin go raibh sé laige, rud a mheall níos faide ón tréad é.

Buck faked weakness, luring him farther from the herd.

Ach bhí tairbh óga chun ionsaí a dhéanamh ar ais chun an ceannaire a chosaint.

But young bulls were going to charge back to protect the leader.

Chuir siad iallach ar Buck cúlú agus ar an tarbh filleadh ar an ngrúpa.

They forced Buck to retreat and the bull to rejoin the group.

Tá foighne sa fiántas, domhain agus dochloíte.

There is a patience in the wild, deep and unstoppable.

Fanann damhán alla gan corraí ina ghréasán ar feadh uaireanta gan áireamh.

A spider waits motionless in its web for countless hours.

Corraíonn nathair gan croitheadh, agus fanann sí go dtí go mbeidh an t-am tagtha.

A snake coils without twitching, and waits till it is time.

Tá pantair i luíochán, go dtí go dtagann an nóiméad.

A panther lies in ambush, until the moment arrives.

Seo í foighne na gcreachadóirí a dhéanann fiach le maireachtáil.

This is the patience of predators who hunt to survive.

Dóigh an fhoighne chéanna sin i mBuck agus é ag fanacht gar dó.

That same patience burned inside Buck as he stayed close.

D'fhan sé in aice leis an tréad, ag moilliú a máirseála agus ag cur eagla orthu.

He stayed near the herd, slowing its march and stirring fear.

Rinne sé magadh faoi na tairbh óga agus chuir sé ciapadh ar na máthair-bhó.

He teased the young bulls and harassed the mother cows.

Thiomáin sé an tarbh créachtaithe isteach i bhfeirg níos doimhne, gan chabhair.

He drove the wounded bull into a deeper, helpless rage.

Ar feadh leathlae, lean an troid ar aghaidh gan aon scíth ar bith.

For half a day, the fight dragged on with no rest at all.

Rinne Buck ionsaí ó gach uillinn, chomh gasta agus chomh fíochmhar le gaoth.

Buck attacked from every angle, fast and fierce as wind.

Choinnigh sé an tarbh ó scíth a ligean nó ó bheith i bhfolach lena thréad.

He kept the bull from resting or hiding with its herd.

Chaith Buck toil an mhóil síos níos tapúla ná a chorp.

Buck wore down the moose's will faster than its body.

Chuaigh an lá thart agus chuaigh an ghrian go híseal sa spéir thiar thuaidh.

The day passed and the sun sank low in the northwest sky.

D'fhill na tairbh óga níos moille chun cabhrú lena gceannaire.

The young bulls returned more slowly to help their leader.

Bhí oícheanta an fhómhair ar ais, agus mhair an dorchadas sé huaire an chloig anois.

Fall nights had returned, and darkness now lasted six hours.

Bhí an geimhreadh ag brú síos an cnoc iad isteach i ngleannta níos sábháilte agus níos teo.

Winter was pressing them downhill into safer, warmer valleys.

Ach fós ní raibh siad in ann éalú ón sealgair a choinnigh siar iad.

But still they couldn't escape the hunter that held them back.

Ní raibh ach saol amháin i mbaol—ní saol an tréada, ach saol a gceannaire.

Only one life was at stake—not the herd's, just their leader's.

Chuir sin an bhagairt i bhfad i gcéin agus ní raibh sí ina hábhar imní práinneach.

That made the threat distant and not their urgent concern.

Le himeacht ama, ghlac siad leis an gcostas seo agus lig siad do Buck an sean-tarbh a thógáil.

In time, they accepted this cost and let Buck take the old bull.

Agus an tráthnóna ag titim, sheas an sean-tarbh agus a cheann síos.

As twilight settled in, the old bull stood with his head down.

D'fhéach sé ar an tréad a bhí faoi cheannas aige ag imeacht isteach sa solas ag dul i léig.

He watched the herd he had led vanish into the fading light.

Bhí ba ann a raibh aithne aige orthu, laonna a raibh athair aige tráth.

There were cows he had known, calves he had once fathered.

Bhí tairbh níos óige ann a raibh sé tar éis troid agus rialú a dhéanamh orthu i séasúir roimhe seo.

There were younger bulls he had fought and ruled in past seasons.

Ní fhéadfadh sé iad a leanúint—óir bhí Buck cromtha os a chomhair arís.

He could not follow them—for before him crouched Buck again.

Chuir an sceimhle gan trócaire bac ar gach cosán a d'fhéadfadh sé a ghlacadh.

The merciless fanged terror blocked every path he might take.

Bhí níos mó ná trí chéad meáchan de chumhacht dlúth sa tarbh.

The bull weighed more than three hundredweight of dense power.

Bhí sé beo ar feadh i bhfad agus ag troid go crua i ndomhan streachailte.

He had lived long and fought hard in a world of struggle.

Ach anois, ag an deireadh, tháinig an bás ó bhéist i bhfad faoi bhun dó.

Yet now, at the end, death came from a beast far beneath him.

Níor ardaigh ceann Buck fiú go dtí glúine móra cnapánacha an tairbh.

Buck's head did not even rise to the bull's huge knuckled knees.

Ón nóiméad sin ar aghaidh, d'fhan Buck leis an tarbh oíche agus lá.

From that moment on, Buck stayed with the bull night and day.

Níor thug sé scíth dó riamh, níor lig sé dó riamh innilt ná deoch a ól.

He never gave him rest, never allowed him to graze or drink.

Rinne an tarbh iarracht craobhóga óga beithe agus duilleoga saileach a ithe.

The bull tried to eat young birch shoots and willow leaves.

Ach thiomáin Buck ar shiúl é, i gcónaí airdeallach agus i gcónaí ag ionsaí.

But Buck drove him off, always alert and always attacking.

Fiú ag srutháin ag sileadh, chuir Buck bac ar gach iarracht tartmhar.

Even at trickling streams, Buck blocked every thirsty attempt.

Uaireanta, i ngeall ar éadóchas, theith an tarbh ar luas iomlán.

Sometimes, in desperation, the bull fled at full speed.

Lig Buck dó rith, ag léim go socair díreach ina dhiaidh, gan a bheith i bhfad uaidh riamh.

Buck let him run, loping calmly just behind, never far away.

Nuair a stad an mós, luigh Buck síos, ach d'fhan sé réidh.

When the moose paused, Buck lay down, but stayed ready.

Dá ndéanfadh an tarbh iarracht ithe nó ól, bhuailfeadh Buck le buile iomlán.

If the bull tried to eat or drink, Buck struck with full fury.

Chrom ceann mór an tairbh níos ísle faoina adharca móra.

The bull's great head sagged lower under its vast antlers.

Mhoilligh a luas, d'éirigh an trot trom; siúlóid stadach.

His pace slowed, the trot became a heavy; a stumbling walk.

Is minic a sheasadh sé go socair lena chluasa cromtha agus a shrón ar an talamh.

He often stood still with drooped ears and nose to the ground.

Le linn na nóiméid sin, thóg Buck am le hól agus le scíth a ligean.

During those moments, Buck took time to drink and rest.

Teanga amach, súile socraithe, bhraith Buck go raibh an talamh ag athrú.

Tongue out, eyes fixed, Buck sensed the land was changing.

Bhraith sé rud éigin nua ag bogadh tríd an bhforaois agus an spéir.

He felt something new moving through the forest and sky.

De réir mar a d'fhill na móin, rinne créatúir eile den fhiáin freisin.

As moose returned, so did other creatures of the wild.

Bhraith an talamh beo le láithreacht, gan a bheith le feiceáil ach aitheanta go láidir.

The land felt alive with presence, unseen but strongly known.

Ní ó fhuaim, radharc ná boladh a bhí a fhios ag Buck é seo.

It was not by sound, sight, nor by scent that Buck knew this.

Dúirt ciall níos doimhne leis go raibh fórsaí nua ag gluaiseacht.

A deeper sense told him that new forces were on the move.

Bhí beatha aisteach ag corraí trí na coillte agus feadh na sruthán.

Strange life stirred through the woods and along the streams.

Shocraigh sé an spiorad seo a iniúchadh, tar éis don fhiach a bheith críochnaithe.

He resolved to explore this spirit, after the hunt was complete.

Ar an gceathrú lá, thug Buck an mós anuas faoi dheireadh.

On the fourth day, Buck brought down the moose at last.

D'fhan sé leis an marú ar feadh lae agus oíche iomláin, ag ithe agus ag scíth a ligean.

He stayed by the kill for a full day and night, feeding and resting.

D'ith sé, ansin chodail sé, ansin d'ith sé arís, go dtí go raibh sé láidir agus lán.

He ate, then slept, then ate again, until he was strong and full.

Nuair a bhí sé réidh, chas sé ar ais i dtreo an champa agus Thornton.

When he was ready, he turned back toward camp and Thornton.

Le luas seasta, thosaigh sé ar an turas fada abhaile.

With steady pace, he began the long return journey home.

Rith sé gan staonadh, uair i ndiaidh uaire, gan dul amú riamh.

He ran in his tireless lope, hour after hour, never once straying.

Trí thalamh anaithnid, bhog sé díreach mar shnáthaid chompáis.

Through unknown lands, he moved straight as a compass needle.

Bhí cuma lag ar an duine agus ar an léarscáil i gcomparáid lena chiall treorach.

His sense of direction made man and map seem weak by comparison.

De réir mar a rith Buck, bhraith sé níos láidre an corraíl sa tír fhiáin.

As Buck ran, he felt more strongly the stir in the wild land.

Ba chineál nua saoil é, murab ionann agus an saol a bhíodh ann i míonna ciúine an tsamhraidh.

It was a new kind of life, unlike that of the calm summer months.

Ní raibh an mothúchán seo ag teacht mar theachtaireacht chaolchúiseach ná i bhfad i gcéin a thuilleadh.

This feeling no longer came as a subtle or distant message.

Anois labhair na héin faoin saol seo, agus bhí ioraí ag comhrá faoi.

Now the birds spoke of this life, and squirrels chattered about it.

Bhí an ghaoth fiú ag cogarnaigh rabhaidh trí na crainn chiúine.

Even the breeze whispered warnings through the silent trees.

Stop sé cúpla uair agus shníomh sé aer úr na maidine.

Several times he stopped and sniffed the fresh morning air.

Léigh sé teachtaireacht ansin a chuir léim ar aghaidh níos tapúla air.

He read a message there that made him leap forward faster.

Líon mothú trom contúirte é, amhail is dá mba rud éigin a chuaigh mícheart.

A heavy sense of danger filled him, as if something had gone wrong.

Bhí eagla air go raibh tubaiste ag teacht—nó go raibh sí tagtha cheana féin.

He feared calamity was coming—or had already come.

Thrasnaigh sé an droim deireanach agus chuaigh sé isteach sa ghleann thíos.

He crossed the last ridge and entered the valley below.

Bhog sé níos moille, airdeallach agus cúramach le gach céim.

He moved more slowly, alert and cautious with every step.

Trí mhíle amach fuair sé rian úr a chuir righneas air.

Three miles out he found a fresh trail that made him stiffen.

Bhí an ghruaig feadh a mhuiníl ag corraí agus ag lonrú le scanradh.

The hair along his neck rippled and bristled in alarm.

Threoraigh an cosán díreach i dtreo an champa áit a raibh Thornton ag fanacht.

The trail led straight toward the camp where Thornton waited.

Bhog Buck níos tapúla anois, a chéimeanna ciúin agus gasta araon.

Buck moved faster now, his stride both silent and swift.

Theann a néaróga agus é ag léamh comharthaí a bhí le cailleadh ag daoine eile.

His nerves tightened as he read signs others were going to miss.

D'inis gach mionsonra sa chonair scéal—ach amháin an píosa deireanach.

Each detail in the trail told a story—except the final piece.

D'inis a shrón dó faoin saol a bhí caite ar an mbealach seo.

His nose told him about the life that had passed this way.

Thug an boladh pictiúr athraitheach dó agus é ag leanúint go dlúth ina dhiaidh.

The scent gave him a changing picture as he followed close behind.

Ach bhí an fhoraois féin ciúin; go mínádúrtha ciúin.

But the forest itself had gone quiet; unnaturally still.

Bhí na héin imithe as radharc, bhí na hioraí i bhfolach, ciúin agus socair.

Birds had vanished, squirrels were hidden, silent and still.

Ní fhaca sé ach iora liath amháin, ina luí ar chrann marbh.

He saw only one gray squirrel, flat on a dead tree.

Measc an t-iora isteach, righin agus gan corraí cosúil le cuid den fhoraois.

The squirrel blended in, stiff and motionless like a part of the forest.

Ghluais Buck cosúil le scáth, ciúin agus cinnte trí na crainn.

Buck moved like a shadow, silent and sure through the trees.

Chroith a shrón ar leataobh amhail is dá mba lámh dofheicthe a tharraing é.

His nose jerked sideways as if pulled by an unseen hand.

Chas sé agus lean sé an boladh nua go domhain isteach i dtromán.

He turned and followed the new scent deep into a thicket.

Fuair sé Nig ansin, ina luí marbh, sáite ag saighead.

There he found Nig, lying dead, pierced through by an arrow.

Chuaigh an seafta trína chorp, cleití fós le feiceáil.

The shaft passed clear through his body, feathers still showing.

Bhí Nig tar éis é féin a tharraingt ann, ach fuair sé bás sular shroich sé cabhair.

Nig had dragged himself there, but died before reaching help.

Céad slat níos faide anonn, fuair Buck madra sled eile.

A hundred yards farther on, Buck found another sled dog.

Madra a bhí ann a cheannaigh Thornton i gCathair Dawson.

It was a dog that Thornton had bought back in Dawson City.

Bhí an madra i ngleic leis an mbás, ag streachailt go crua ar an gcosán.

The dog was in a death struggle, thrashing hard on the trail.

Chuaigh Buck thart air, gan stad, a shúile dírithe ar a aghaidh.

Buck passed around him, not stopping, eyes fixed ahead.

Ó threo an champa tháinig cantaireacht rithimiúil i bhfad i gcéin.

From the direction of the camp came a distant, rhythmic chant.

D'ardaigh agus d'ísligh guthanna i dton aisteach, scanrúil, cantarach.

Voices rose and fell in a strange, eerie, sing-song tone.

Chrom Buck ar aghaidh go dtí imeall an imréitigh i dtost.

Buck crawled forward to the edge of the clearing in silence.

Chonaic sé Hans ina luí ansin aghaidh síos, sáite le go leor saigheada.

There he saw Hans lying face-down, pierced with many arrows.

Bhí cuma torcáin ar a chorp, lán de ghléasanna clúmhacha.

His body looked like a porcupine, bristling with feathered shafts.

Ag an nóiméad céanna, d'fhéach Buck i dtreo an lóiste a bhí ina scrios.

At the same moment, Buck looked toward the ruined lodge.

Chuir an radharc an ghruaig ag ardú go righin ar a mhuineál agus a ghuaillí.

The sight made the hair rise stiff on his neck and shoulders.

Scuab stoirm feirge fiáin trí chorp ar fad Buck.

A storm of wild rage swept through Buck's whole body.

Lig sé dranntán os ard, cé nach raibh a fhios aige go raibh.

He growled aloud, though he did not know that he had.

Bhí an fhuaim amh, lán de fhearg uafásach, fhiáin.

The sound was raw, filled with terrifying, savage fury.

Don uair dheireanach ina shaol, chaill Buck an réasún agus an mothúchán ina áit.

For the last time in his life, Buck lost reason to emotion.

Ba é an grá do John Thornton a bhris a smacht cúramach.

It was love for John Thornton that broke his careful control.

Bhí na Yeehats ag damhsa timpeall an tí sprúis scriosta.

The Yeehats were dancing around the wrecked spruce lodge.

Ansin tháinig torann—agus rith beithíoch anaithnid ina dtreo.

Then came a roar—and an unknown beast charged toward them.

Ba é Buck é; buile ag gluaiseacht; stoirm bheo díoltais.

It was Buck; a fury in motion; a living storm of vengeance.

Chaith sé é féin ina measc, ar mire leis an ngá a mharú.

He flung himself into their midst, mad with the need to kill.

Léim sé ar an gcéad fhear, taoiseach Yeehat, agus bhuail sé an fhíor.

He leapt at the first man, the Yeehat chief, and struck true.

Bhí a scornach stróicthe oscailte, agus fuil ag stealladh i sruthán.

His throat was ripped open, and blood spouted in a stream.

Níor stop Buck, ach stróic sé scornach an fhir eile le léim amháin.

Buck did not stop, but tore the next man's throat with one leap.

Bhí sé dochloíte—ag stróiceadh, ag gearradh, gan stad riamh le scíth a ligean.

He was unstoppable—ripping, slashing, never pausing to rest.

Rith sé agus léim sé chomh tapaidh sin nárbh fhéidir lena saigheada teagmháil a dhéanamh leis.

He darted and sprang so fast their arrows could not touch him.

Bhí na Yeehats gafa ina sçaoll agus ina mearbhall féin.

The Yeehats were caught in their own panic and confusion.

Chaill a saigheada Buck agus bhuail siad a chéile ina ionad.

Their arrows missed Buck and struck one another instead.

Chaith óganach amháin sleá ar Buck agus bhuail sé fear eile.

One youth threw a spear at Buck and hit another man.

Bhuail an sleá trína bhrollach, an barr ag bualadh amach a dhroim.

The spear drove through his chest, the point punching out his back.

Scuab uafás thar na Yeehats, agus bhris siad ar cúlú iomlán.

Terror swept over the Yeehats, and they broke into full retreat.

Scread siad faoin Spiorad olc agus theith siad isteach i scáthanna na foraoise.

They screamed of the Evil Spirit and fled into the forest shadows.

Go fírinneach, bhí Buck cosúil le deamhan agus é ag ruaigeadh na Yeehats.

Truly, Buck was like a demon as he chased the Yeehats down.

Rith sé ina ndiaidh tríd an bhforaois, ag tabhairt anuas iad cosúil le fianna.

He tore after them through the forest, bringing them down like deer.

Lá cinniúint agus uafáis a bhí ann do na Yeehats scanraithe.

It became a day of fate and terror for the frightened Yeehats.

Scaip siad ar fud na tíre, ag teitheadh i bhfad i ngach treo.

They scattered across the land, fleeing far in every direction.

Chuaigh seachtain iomlán thart sular bhuail na marthanóirí deireanacha le chéile i ngleann.

A full week passed before the last survivors met in a valley.

Ansin amháin a chomhaireamh siad a gcaillteanais agus a labhair siad faoin méid a tharla.

Only then did they count their losses and speak of what happened.

Tar éis dó tuirse a fháil den ruaig, d'fhill Buck ar an gcampa scriosta.

Buck, after tiring of the chase, returned to the ruined camp.

Fuair sé Pete, fós ina blaincéid, maraithe sa chéad ionsaí.

He found Pete, still in his blankets, killed in the first attack.

Bhí comharthaí de streachailt dheireanach Thornton le feiceáil sa salachar in aice láimhe.

Signs of Thornton's last struggle were marked in the dirt nearby.

Lean Buck gach rian, ag sní gach marc go dtí an pointe deiridh.

Buck followed every trace, sniffing each mark to a final point.

Ar imeall linne domhain, fuair sé Skeet dílis, ina luí go socair.

At the edge of a deep pool, he found faithful Skeet, lying still.

Bhí ceann agus lapaí tosaigh Skeet san uisce, gan corraí sa bhás.

Skeet's head and front paws were in the water, unmoving in death.

Bhí an linn snámha láibeach agus truaillithe le huisce ó na boscaí bualúcháin.

The pool was muddy and tainted with runoff from the sluice boxes.

Cheil a dhromchla scamallach a raibh faoi, ach bhí a fhios ag Buck an fhírinne.

Its cloudy surface hid what lay beneath, but Buck knew the truth.

Lean sé boladh Thornton isteach sa linn — ach níor threoraigh an boladh áit ar bith eile.

He tracked Thornton's scent into the pool — but the scent led nowhere else.

Ní raibh aon bholadh ag teacht amach — ach ciúnas an uisce dhomhain.

There was no scent leading out — only the silence of deep water.

D'fhan Buck in aice leis an linn snámha an lá ar fad, ag siúl suas agus síos an campa faoi bhrón.

All day Buck stayed near the pool, pacing the camp in grief.

Shiúil sé go míshuaimhneach nó shuigh sé go ciúin, caillte i smaointe troma.

He wandered restlessly or sat in stillness, lost in heavy thought.

Bhí a fhios aige an bás; deireadh na beatha; imeacht gach gluaiseachta.

He knew death; the ending of life; the vanishing of all motion.

Thuig sé go raibh John Thornton imithe, agus nach bhfillfeadh sé choíche.

He understood that John Thornton was gone, never to return.

D'fhág an caillteanas spás folamh ann a bhí ag bualadh cosúil le hocras.

The loss left an empty space in him that throbbed like hunger.

Ach ba é seo an t-ocras nach bhféadfadh bia a mhaolú, is cuma cé mhéad a d'íosfadh sé.

But this was a hunger food could not ease, no matter how much he ate.

Uaireanta, agus é ag féachaint ar na Yeehats marbha, imigh an pian.

At times, as he looked at the dead Yeehats, the pain faded.

Agus ansin d'éirigh bród aisteach istigh ann, fíochmhar agus iomlán.

And then a strange pride rose inside him, fierce and complete.

Bhí sé tar éis fear a mharú, an cluiche is airde agus is contúirtí ar fad.

He had killed man, the highest and most dangerous game of all.

Bhí sé tar éis marú in aghaidh an dlí ársa maidir le club agus fang.

He had killed in defiance of the ancient law of club and fang.

Shnígh Buck a gcorp gan bheatha, fiosrach agus machnamhach.

Buck sniffed their lifeless bodies, curious and thoughtful.

Bhí siad tar éis bás a fháil chomh héasca sin—i bhfad níos éasca ná husky i gcath.

They had died so easily—much easier than a husky in a fight.

Gan a n-arm, ní raibh aon neart ná bagairt fíor acu.

Without their weapons, they had no true strength or threat.

Ní bheadh eagla ar Buck rompu arís choíche, mura mbeadh arm orthu.

Buck was never going to fear them again, unless they were armed.

Ní bheadh sé cúramach ach amháin nuair a bheadh clubanna, sleá nó saigheada acu.

Only when they carried clubs, spears, or arrows he'd beware.

Thit an oíche, agus d'éirigh gealach lán go hard os cionn bharr na gcrann.

Night fell, and a full moon rose high above the tops of the trees.

Bhí solas bán na gealaí ag níochán an talamh i nglioscarnach bog, taibhsiúil cosúil le lá.

The moon's pale light bathed the land in a soft, ghostly glow like day.

De réir mar a dhoimhnigh an oíche, bhí Buck fós ag caoineadh cois na linne ciúine.

As the night deepened, Buck still mourned by the silent pool.

Ansin thug sé faoi deara corraíl dhifriúil sa choill.

Then he became aware of a different stirring in the forest.

Ní ó na Yeehats a tháinig an corraíl, ach ó rud éigin níos sine agus níos doimhne.

The stirring was not from the Yeehats, but from something older and deeper.

Sheas sé suas, a chluasa ardaithe, a shrón ag tástáil na gaoithe go cúramach.

He stood up, ears lifted, nose testing the breeze with care.

Ó i bhfad i gcéin tháinig béic lag, géar a tholladh an tost.

From far away came a faint, sharp yelp that pierced the silence.

Ansin lean cór de ghlaocha comhchosúla go dlúth i ndiaidh an chéad cheann.

Then a chorus of similar cries followed close behind the first.

Tháinig an fhuaim níos gaire, ag éirí níos airde le gach nóiméad a chuaigh thart.

The sound drew nearer, growing louder with each passing moment.

Bhí aithne ag Buck ar an nglaoch seo—tháinig sé ón saol eile sin ina chuimhne.

Buck knew this cry—it came from that other world in his memory.

Shiúil sé go lár an spáis oscailte agus d'éist sé go géar.

He walked to the center of the open space and listened closely.

Chuaigh an glao amach, go leor faoi deara agus níos cumhachtaí ná riamh.

The call rang out, many-noted and more powerful than ever.

Agus anois, níos mó ná riamh, bhí Buck réidh chun freagairt dá ghlao.

And now, more than ever before, Buck was ready to answer his calling.

Bhí John Thornton marbh, agus ní raibh aon cheangal le fear fágtha aige.

John Thornton was dead, and no tie to man remained within him.

Bhí an fear agus gach éileamh daonna imithe—bhí sé saor faoi dheireadh.

Man and all human claims were gone—he was free at last.

Bhí an paca mac tíre ag tóraíocht feola mar a bhí na Yeehats tráth.

The wolf pack were chasing meat like the Yeehats once had.

Bhí siad tar éis móin a leanúint síos ó na tailte crainn.

They had followed moose down from the timbered lands.

Anois, fiáin agus ocras orthu creiche, thrasnaigh siad isteach ina ghleann.

Now, wild and hungry for prey, they crossed into his valley.

Isteach sa mhaolán gealaí tháinig siad, ag sileadh cosúil le huisce airgid.

Into the moonlit clearing they came, flowing like silver water.

Sheas Buck go socair sa lár, gan corraí agus é ag fanacht leo.

Buck stood still in the center, motionless and waiting for them.

Chuir a láithreacht chiúin, mhór iontas ar an bpacáiste agus chuir sé ina thost gairid é.

His calm, large presence stunned the pack into a brief silence.

Ansin léim an mac tíre ba dhána díreach air gan leisce.

Then the boldest wolf leapt straight at him without hesitation.

Bhuail Buck go tapaidh agus bhris sé muineál an mhac tíre i mbuille amháin.

Buck struck fast and broke the wolf's neck in a single blow.

Sheas sé gan corraí arís agus an mac tíre ag fáil bháis ag casadh ina dhiaidh.

He stood motionless again as the dying wolf twisted behind him.

Rinne trí mhac tíre eile ionsaí go gasta, ceann i ndiaidh a chéile.

Three more wolves attacked quickly, one after the other.

Tharraing gach duine acu siar agus fuil orthu, a scornach nó a nguaillí gearrtha.

Each retreated bleeding, their throats or shoulders slashed.

Ba leor sin chun an grúpa ar fad a chur i ruathar fiáin.

That was enough to trigger the whole pack into a wild charge.

Rith siad isteach le chéile, ró-dhíograiseach agus róphlódaithe le bualadh go maith.

They rushed in together, too eager and crowded to strike well.

A bhuí le luas agus scileanna Buck, bhí sé in ann fanacht chun tosaigh ar an ionsaí.

Buck's speed and skill allowed him to stay ahead of the attack.

Chas sé ar a chosa deiridh, ag snapáil agus ag bualadh i ngach treo.

He spun on his hind legs, snapping and striking in all directions.

Do na mac tíre, ba chosúil nár osclaíodh nó nár theip ar a chosaint riamh.

To the wolves, this seemed like his defense never opened or faltered.

Chas sé agus ghearr sé chomh tapaidh sin nach raibh siad in ann teacht taobh thiar de.

He turned and slashed so quickly they could not get behind him.

Mar sin féin, chuir a líon iallach air géilleadh agus cúlú.

Nonetheless, their numbers forced him to give ground and fall back.

Bhog sé thar an linn agus síos isteach i leaba na srutháin charraigeach.

He moved past the pool and down into the rocky creek bed.

Ansin tháinig sé suas i gcoinne claí géar gairbhéil agus créafhaigh.

There he came up against a steep bank of gravel and dirt.

Chuaigh sé isteach i gcúinne a gearradh le linn sean-tochailt na mianadóirí.

He edged into a corner cut during the miners' old digging.

Anois, faoi chosaint ar thrí thaobh, ní raibh aghaidh á thabhairt ag Buck ach ar an mac tíre tosaigh.

Now, protected on three sides, Buck faced only the front wolf.

Ansin, sheas sé i mbá, réidh don chéad tonn eile ionsaithe.

There, he stood at bay, ready for the next wave of assault.

Sheas Buck a shuí chomh fíochmhar sin gur tharraing na mac tíre siar.

Buck held his ground so fiercely that the wolves drew back.

Tar éis leathuaire, bhí siad tuirseach agus go soiléir buailte.

After half an hour, they were worn out and visibly defeated.

Bhí a dteangacha crochta amach, lonraigh a gcuid crúba bána i solas na gealaí.

Their tongues hung out, their white fangs gleamed in moonlight.

Luigh roinnt mac tíre síos, cinn ardaithe, cluasa biortha i dtreo Buck.

Some wolves lay down, heads raised, ears pricked toward Buck.

Sheas daoine eile go socair, airdeallach agus ag faire ar gach gluaiseacht a rinne sé.

Others stood still, alert and watching his every move.

Shiúil cúpla duine go dtí an linn snámha agus shlog siad uisce fuar.

A few wandered to the pool and lapped up cold water.

Ansin shleamhnaigh mac tíre liath fada, caol ar aghaidh go réidh.

Then one long, lean gray wolf crept forward in a gentle way.

D'aithin Buck é—ba é an deartháir fiáin ó shin é.

Buck recognized him—it was the wild brother from before.

Lig an mac tíre liath geonaíl bhog, agus d'fhreagair Buck le geonaíl.

The gray wolf whined softly, and Buck replied with a whine.

Bhain siad le chéile le chéile, go ciúin agus gan bhagairt ná eagla.

They touched noses, quietly and without threat or fear.

Ina dhiaidh sin tháinig mac tíre níos sine, caol agus créachtaithe ó go leor cathanna.

Next came an older wolf, gaunt and scarred from many battles.

Thosaigh Buck ag drannadh, ach stad sé agus shníomh sé srón an tsean-mhac tíre.

Buck started to snarl, but paused and sniffed the old wolf's nose.

Shuigh an seanfhear síos, thóg sé a shrón, agus d'ulraigh sé leis an ngealach.

The old one sat down, raised his nose, and howled at the moon.

Shuigh an chuid eile den phacáiste síos agus ghlac siad páirt san uaill fhada.

The rest of the pack sat down and joined in the long howl.

Agus anois tháinig an glao chuig Buck, soiléir agus láidir.

And now the call came to Buck, unmistakable and strong.

Shuigh sé síos, thóg sé a cheann, agus d'ulc sé leis na daoine eile.

He sat down, lifted his head, and howled with the others.

Nuair a chríochnaigh an t-uailliú, shiúil Buck amach as a dhídean charraigeach.

When the howling ended, Buck stepped out of his rocky shelter.

Dhún an priontáil timpeall air, ag sní go cineálta agus go cúramach araon.

The pack closed in around him, sniffing both kindly and warily.

Ansin lig na ceannairí an béic agus rith siad leo isteach sa choill.

Then the leaders gave the yelp and dashed off into the forest.

Lean na mac tíre eile, ag béicíl i gcór, fiáin agus gasta san oíche.

The other wolves followed, yelping in chorus, wild and fast in the night.

Rith Buck leo, in aice lena dheartháir fiáin, ag ulradh agus é ag rith.

Buck ran with them, beside his wild brother, howling as he ran.

Anseo, is maith an rud é scéal Buck a theacht chun deiridh.

Here, the story of Buck does well to come to its end.

Sna blianta ina dhiaidh sin, thug na Yeehats faoi deara mac tíre aisteach.

In the years that followed, the Yeehats noticed strange wolves.

Bhí donn ar chinn agus ar shrón cuid acu, agus bán ar an gcliabhrach.

Some had brown on their heads and muzzles, white on the chest.

Ach níos mó fós, bhí eagla orthu roimh fhigiúr taibhsiúil i measc na mac tíre.

But even more, they feared a ghostly figure among the wolves.

Labhair siad i gcogar faoin Madra Taibhse, ceannaire an phacáiste.

They spoke in whispers of the Ghost Dog, leader of the pack.

Bhí níos mó seiftiúlachta ag an Madra Taibhse seo ná mar a bhí ag an sealgair Yeehat ba dhána.

This Ghost Dog had more cunning than the boldest Yeehat hunter.

Ghoid an madra taibhse ó champaí i ndoimhneacht an gheimhridh agus stróic sé a ngaistí óna chéile.

The ghost dog stole from camps in deep winter and tore their traps apart.

Mharaigh an madra taibhse a gcuid madraí agus d'éalaigh sé óna saigheada gan rian.

The ghost dog killed their dogs and escaped their arrows without a trace.

Bhí eagla ar fiú a laochra is cróga aghaidh a thabhairt ar an spiorad fiáin seo.

Even their bravest warriors feared to face this wild spirit.

Ní hea, éiríonn an scéal níos dorcha fós, de réir mar a théann na blianta thart sa fiántas.

No, the tale grows darker still, as the years pass in the wild.

Imíonn roinnt sealgairí agus ní fhilleann siad ar a gcampaí i bhfad i gcéin choíche.

Some hunters vanish and never return to their distant camps.

Faightear daoine eile lena scornach stróicthe, maraithe sa sneachta.

Others are found with their throats torn open, slain in the snow.

Tá rianta timpeall a gcorp—níos mó ná mar a d'fhéadfadh aon mhac tíre a dhéanamh.

Around their bodies are tracks—larger than any wolf could make.

Gach fómhar, leanann Yeehats rian na móise.

Each autumn, Yeehats follow the trail of the moose.

Ach seachnaíonn siad gleann amháin agus eagla greanta go domhain ina gcroíthe.

But they avoid one valley with fear carved deep into their hearts.

Deir siad gur roghnaigh an Spiorad olc an gleann mar bhaile dó.

They say the valley is chosen by the Evil Spirit for his home.

Agus nuair a insítear an scéal, bíonn roinnt ban ag gol cois na tine.

And when the tale is told, some women weep beside the fire.

Ach sa samhradh, tagann cuairteoir amháin chuig an ngleann ciúin, naofa sin.

But in summer, one visitor comes to that quiet, sacred valley.

Níl a fhios ag na Yeehats faoi, agus ní thuigfidís é ach an oiread.

The Yeehats do not know of him, nor could they understand.

Is mac tíre mór é, clúdaithe i nglóire, nach bhfuil aon cheann eile dá chineál.

The wolf is a great one, coated in glory, like no other of his kind.

Trasnaíonn sé ina aonar ón adhmad glas agus téann sé isteach sa ghleann foraoise.

He alone crosses from green timber and enters the forest glade.

Ansin, sceitheann deannach órga ó mhálaí craicinn mós isteach san ithir.

There, golden dust from moose-hide sacks seeps into the soil.

Tá féar agus seanduilleoga tar éis an buí a cheilt ón ngrian.

Grass and old leaves have hidden the yellow from the sun.

Anseo, seasann an mac tíre i dtost, ag smaoineamh agus ag cuimhneamh.

Here, the wolf stands in silence, thinking and remembering.

Déanann sé uaill uair amháin—fada agus brónach—sula gcasann sé le himeacht.

He howls once—long and mournful—before he turns to go.

Ach ní bhíonn sé i gcónaí ina aonar i dtír an fhuachta agus an tsneachta.

Yet he is not always alone in the land of cold and snow.

Nuair a thagann oícheanta fada geimhridh anuas ar na gleannta íochtaracha.

When long winter nights descend on the lower valleys.

Nuair a leanann na mac tíre an cluiche trí ghealach agus sioc.

When the wolves follow game through moonlight and frost.

Ansin ritheann sé i gceannas an phacáiste, ag léimneach ard agus fiáin.

Then he runs at the head of the pack, leaping high and wild.

Tá a chruth ag ardú os cionn na cinn eile, a scornach beo le ceol.

His shape towers over the others, his throat alive with song.

Is é amhrán an domhain óige é, guth an phacáiste.

It is the song of the younger world, the voice of the pack.

Canann sé agus é ag rith—láidir, saor, agus fiáin go deo.

He sings as he runs—strong, free, and forever wild.